Hrsg: Roger Monnerat

Elisabeth Kulmanns

Gedichte

Sappho

AF237603

Neuauflage in lateinischer,
statt gotischer Schrift

Band 6

Bibliografische Information der Deutschen
Nationalbibliothek: Die Deutsche Nationalbibliothek
verzeichnet diese Publikation in der Deutschen
Nationalbibliografie; detaillierte bibliografische
Daten sind im Internet über http://dnb.dnb.de
abrufbar.

© 2022 Roger Monnerat

Herstellung und Verlag:

BoD – Books on Demand, Norderstedt

ISBN: 9 78 3756 886913

Vorwort

Von Elisabeth Kulmann war in den Katalogen des Buchhandels nichts zu finden. Was ich im Internet fand, war ein Scan des 1847 in Leipzig erschienenen Buches «Sämmtliche Gedichte von Elisabeth Kulmann» herausgegeben von Karl Friedrich von Grossheinrich. Ein Buch von 714 Seiten enggedruckt in gotischer Schrift, verdienstvollerweise faksimiliert aus der Bibliothek der Universität von Indiana. Was ich auch fand, waren Programme, mit denen die gotische Schrift sich zu etwa 75 Prozent richtig umwandeln liess, zu 25 Prozent aber nicht, bis hin, dass der zweispaltige Druck der Gedichte nicht selten zu einem Textsalat führte. Es war für mich ausgemacht, dass ich mich zu Ehren dieser überragenden Dichterin der Mühe unterziehen würde, das 1847 erschienene Buch wenigstens von der Schrift her zugänglicher zu machen, aber auch in der stillen Hoffnung, dass es die Leser und Leserinnen fände, die Elisabeth Kulmann verdient. *Roger Monnerat*

Kurzbiographie der Dichterin

Elisabeth Kulmann war die jüngste Tochter einer Deutschen, Maria (geborene Rosenberg), und des russischen Offiziers Boris Feodorowitsch Kulmann, Enkel einer deutschen, nach Russland eingewanderten Familie aus dem Elsass. Als ihr Vater früh verstarb, geriet die Mutter mit ihren neun Kindern in große Armut, ließ ihnen aber trotzdem eine gute Erziehung zuteilwerden. Elisabeth, die ein großes Sprachtalent besaß, wuchs mehrsprachig auf. Aufgrund der Schulung durch ihre Mutter konnte sie schon als Sechsjährige fließend Russisch und Deutsch

3

sprechen. Sie bekam des Weiteren von einem Bekannten der Familie, Karl Friedrich von Großheinrich, Fremdsprachenunterricht. Außer ihren beiden Muttersprachen lernte sie bis zu ihrem 15. Lebensjahr fließend Französisch, Italienisch, Englisch, Spanisch, Portugiesisch und Neugriechisch Sie beherrschte aber nicht nur lebende, sondern auch die klassischen Sprachen Latein, Altgriechisch und Kirchenslawisch. Neugriechen erklärten, sie könne deren Sprache so gut wie sie selbst. Zusammen mit den beiden Töchtern des Sankt Petersburger Bergwerksdirektors Meder wurde sie daneben in Mathematik, Naturwissenschaften, Zeichnen, Tanz und Musik unterrichtet.

In ihrem elften Lebensjahr erschienen die ersten Dichtungen Kulmanns. Damals begann sie, deutsche Verse zu machen; später dichtete sie auch in ihren beiden anderen Lieblingssprachen Russisch und Italienisch. Darüber hinaus betätigte sie sich auch als Übersetzerin. Beispielsweise übertrug sie Werke des altgriechischen Lyrikers Anakreon in acht Sprachen.

Innerhalb von sechs Jahren dichtete Kulmann rund tausend Gedichte auf deutsch. Sie besaß eine treffliche Beobachtungs-und Schilderungsgabe, Gemüt und Fantasie. Fremden Stoffen, wie ihren Schilderungen amerikanischer und afrikanischer Literatur, wusste sie große Anschaulichkeit zu verleihen, die zahlreicheren der nächsten Umgebung entnommenen mit kindlicher Anmut zu beleben. Karl Goedeke (1814 –1887) urteilte: «Ihr Stil ist einfach, klar, ohne Redeschmuck, aber durch die bloße Darstellung ergreifend; nur mitunter verliert sie sich ins Breite, niemals ins Flache.»

Als Sankt Petersburg am 7. November 1824 von einer verheerenden Überschwemmung betroffen war, bei der zehntausend Menschen in den Fluten starben, erkrankte sie schwer. Sie starb rund ein Jahr später im Alter von nur 17 Jahren in ihrer Heimatstadt. Auf dem dortigen smolenkischen Friedhof erhielt sie ihre letzte Ruhestätte mit einem von der Kaiserin Alexandra Feodorowna und der Großfürstin Helena Palowna gestifteten Denkmal aus karrarischem Marmor. Dieses zieren sie feiernde Inschriften in den elf von ihr beherrschten Sprachen.

Sappho

*Auf dem leukadischen Felsen. Rechts und links
Wald, hier licht, dort dunkel. Hinter dem ins Meer
hinausragenden Felsen erhebt sich der berühmte
Apollotempel mit offnen Säulenflügeln, wo in den
Zwischenräumen von Säule zu Säule die Standbilder
der berühmtesten Dichter früherer Zeiten erschei-
nen. Erste Morgendämmerung. Der dem Untergang
nahe Mond im Westen.*

Erreicht hab' ich die Stätte,
Die deine Leiden alle,
O armes Herz, bald endet.

Sei mir gegrüßt, Apollo,
Auf deinem luft'gen Felsen,
Der über Zwillingshaine,
Die, Gärten gleich, abwechselnd
Hier licht sind und dort dunkel,
Sich stolz erhebt, die Wolken
Mit seiner Stirn berührend;
Sei mir gegrüßt, in deinen
Rings-offnen Säulenhallen
In deiner Glanzumgebung
Von Fürsten des Gesanges !

Du, Gott des Lichts und König
Des Liedes und der Leier,
Warst meines ersten Sieges
Und der Vergött'rung Zeuge,
Womit dein feiernd Delos
Mein junges Lied belauschte !
Und deinem eignen Ohre
Vernehmbar, deine Tochter

Mich nannte, des Erzeugers
An Kunst und Reizen würdig !
Wer ahnte damals: Sappho,
Der ganzen Hellas Abgott,
Werd' in der Jahre Blüthe,
Dem Grame zu entgehen,
Zu diesem Felsen flüchten,
Dem Sitze der Verzweiflung?

O meiner schönen Jugend
Zu schnell entflohne Tage !
Wo ich, der Kunst nur lebend,
Die Zierde war der Feste,
Die Königin der Mähler;
Aus jedem frohen Reigen
Nur meine Lieder hörte;
Auf Blumen durch die Straßen
Beim Zuruf der Bewohner
Die Sängerin einherzog;
Und in den heil'gen Hainen,
Ja in der Götter Tempel
Mein Standbild ich erblickte,
Und Lesbos seinen Münzen
Der Götter Bild und meines
Vereint aufprägte ! Sappho,
Des zarteren Geschlechtes
Gerechter Stolz und Sehnsucht
Der Jünglinge und Männer,
Die stets von meiner Jugend
Und meiner Lieder Reizen
Gleich stark gerührt, den Preis mir
Des Kampfes zuerkannten,
Selbst wenn Alcäus kämpfte,
Der König im Gesange !

»Längst hat mich deine Schönheit
»Besiegt (so sprach der edle,
Mit Ehrfurcht sich mir nahend,
Als einst den Preis des Kampfes
Mir zuerkannt die Richter),
»Und heut besiegtest du mich
»Auch im Gesang; laß künftig,
»An deinen Siegeswagen
»Gefesselt, mich dir folgen,
»Und alles mit dir theilen,
»Was Zeus den beiden Urnen
»Entschöpfen mag.« Ich aber
Wies spottend seine Liebe
Zurück. Da sprach im Grame,
Wie ahnend, er die Worte:
»Dir mögen nie die Götter
»So abhold sein, o Sappho,
»Daß, einer deines Ruhmes
»Unwürd'gen Liebe fröhnend,
»Du je Alcäens Liebe
»Zurückewünschest !« Zürnend
Wandt' ich von ihm die Blicke;
Doch bald zerschlug der Tod ihm
Des Lebens und der Liebe
Verhaßte, schwere Fesseln.

Mich aber zwang, ihn rächend,
Der Liebe Gott auf Phaon
Die widerspenst'gen Blicke
Zu senken. Wie verwandelt
Komm' ich mir vor; ein Traumbild
Scheint mir mein vorig Leben,
Deß ich mich kaum erinnre.
Den Zauber zu vernichten,
Ergreif' ich meine Leier,

Und will die Ruhmgesänge,
Die ich einst sang, erneuern.
Doch ungeahnte Töne
Entquellen itzt der Leier,
Die mir das Herz mit Wollust,
Das Aug' mit Thränen füllen.
Ein ungekanntes Feuer
Durchzittert mir die Adern,
Und angefangne Worte
Ersterben auf der Lippe;
Und Ruhm, den Abgott, dem ich
Der Jahre Lenz geopfert,
Und alle Ideale
Der Kunst seh' ich, gestürzet,
Der herrscherischen Liebe
Zum Fußgestelle dienen.
Vor meinen starren Blicken
Schwebt, Sonnenglanz verstrahlend,
Ein götterähnlich Wesen
Von gleichenloser Schönheit;
Das All zerfließt in Schatten
Zum Hintergrund des Bildes.
Verloren in sein Anschaun
Verlebt' ich viele Tage,
Verlebt' ich wenig Stunden,
Ich kann es nicht bestimmen;
Denn alles Maß der Dauer
War mir entrückt. Die Zeit ist
Das träge Kind der Trauer.

O jahrelange Tage,
Die ich seit diesem Traume
Verlebt ! O Tag der höchsten
Namlosen Qual, der Phaon
Mir sorglosen entführte !

Der aus den goldnen Sälen
Des Himmels in der Erde
Entsetzensvolle Wüste
Mich niederwarf ! Zwar hebet
Mit mitleidsvollen Armen
Die Hoffnung von dem Falle,
Dem unermeßlich tiefen,
Mich auf, und mir die bleiche,
Von Thränen nasse Wange
Liebkosend, spricht sie tröstend:
»Er kehret wieder, Sappho !
»Ihn stahl auf Augenblicke
»Dir eine rasche Laune,
»Von denen selbst die besten
»Nicht frei sind. Wie vermöchte
»Er Sappho zu verlassen,
»Der Schönheit und des Ruhmes
»Gekrönte Tochter? Reuig
»Und liebender erblickst du
»Ihn heute noch, vielleicht schon
»Im nächsten Augenblicke
»Zu deinen Füßen wieder.
Es endete die Sonne
Den Strahlenlauf, und hüllte
Sich in umwölkte Nacht ein,
Mit ihr mein schwankend Hoffen.
Sie selbst entstieg auf's neue
Den Sterblichen zur Wonne
Dem Schooß der Nacht; mir aber
Naht, einem Graungespenst gleich,
Die tödtende Gewißheit:
Dahin für mich sei Phaon.

So sei mir denn willkommen,
O Stätte des Entsetzens !

Mir hoffnungslosen aber
Ein Tempe, freundlich lächelnd
Wie das Gefild der Heimath.
Von alten Qualgefühlen
Des Herzens ist mir keines
Auf deine Höh' gefolget;
An deinem Fuße blieben,
Dem Ziele der Verfolgung,
Die nimmermüden Schlangen
Scham, Eifersucht und Schwermuth
Zurück; es tönet nicht mehr
Mir im erschreckten Ohre
Der Lästerung, des Spottes
Tiefschneidendes Gezische.

(Der Mond am westlichen Himmelsrande;
die ersten Sonnenstrahlen im Osten.)

Selbst Phaons Bild erscheint mir
Nur wie aus trüber Ferne,
Gleich diesem untergeh'nden
Erloschnen Mond, dem stolzen,
Die ganze Himmelsebne
Beherrschenden Gestirne
Der Nacht.... Sieh, schon erhebet
Im Osten sich die Sonne !

Sei mir gegrüßt, des Lichtes,
Des Lebens und der Freude
Vollströmend-unversiegbar-
Beseligende Quelle,
Sei mir zum letzten Male
Gegrüßt, allgüt'ger Phöbus !
Geeilt hatt' ich im Dunkel
Der Nacht mein elend Dasein

11

Zu endigen, befürchtend,
Beim Anblick dieses Weltalls,
Von deinem jungen Lichte
Vergoldet, meinen ernsten
Entschluß vielleicht noch wanken
Zu sehn. Doch du, mein grausam
Geschick vielleicht bedauernd,
Und die zahllosen Schrecken
Auf meinem Weg zu Pluto's
Gefürchtetem Gebiete
Mir zu verschleiern wünschend,
Entrissest dich dem Arme
Der Meeresgöttin früher,
Und strömst aus voller Urne
Mitleidig deine Strahlen
Auf meinen Pfad zur stummen
Und ew'gen Nacht hernieder.....

(Anfang einer in diesem Theile
des griechischen Meeres nicht
ungewöhnlichen Naturerscheinung.)*

Doch welch ein Rosennebel
Bedeckt des Meeres Fläche !
Und welche Wunderscenen
Entdeckt darin mein Auge !

Zwei anmuthsvolle Haine,
Von hundert lichten Stellen
Durchschnitten, nähern steigend
Sich einem Felsenhügel,
Wo stolz und weithinschattend
Zwei lange Säulenhallen
Sich heben; und Gestalten
Von höherm Wuchs und Ansehn
Als Sterbliche die Hallen

12

Erfüllen. Alle halten
Die Leier oder Cither
Im Arm.... O ich erkenne
In diesen Glanzgestalten
Der Vorwelt hohe Sänger !
Ich sehe Linus, Orpheus,
Thamyris und Homeros ! ...
Elysium liegt vor mir ! ...
Ich hör' der Leier Töne ! ...
Und außerhalb der Hallen,
Mir näher, und am Rande
Des ungeheuern Felsen,
Auf dem die Hallen ruhen,
Und der hoch über einem
Bewegten See vorspringend
Sich wölbet; steht ein Jüngling
In festlichem Gewande,
Mit einem Kranz im Haare,
Und blickt nach mir, und winkt mir
Mit ausgestreckten Armen...
O, das bist du Alcäus ! ...
Du denkest noch, und zornlos,
An Sappho? ! ... Horcht ! ich höre
Des holden Mundes Worte !

(Im stillen Wahnsinn glaubt sie folgende
Worte zu hören, die sie nachspricht.)

Eil' unverzagt hernieder
In's stille Reich der Schatten,
O langersehnte Sappho,
Du Fürstin des Gesanges !

So weit der Strahl der Sonne
Nur reicht, ist alles Wechsel;

13

Doch hier im Land der Schatten
Ist alles ew'ge Ruhe !

Steig' unverzagt denn nieder
Ins stille Reich der Schatten,
Wir alte harren deiner,
O Fürstin des Gesanges !

(Nach einigem Nachdenken antwortet sie:)

O nehmt, der Vorwelt Sänger,
Ihr Zierden aller Zeiten,
O nehmt die arme Sappho
In euern hehren Kreis auf !
Ich eil' in eure Haine,
Ich eil' zu eurer Ruhe !

(Sie stürzt sich ins Meer.)

* Von den Italienern Fata Morgana genannt.
Die aufgehende Sonne im Rücken, sieht man vor sich
auf dem Meere ein Abbild der hinter dem Betrachter
befindlichen Gegenstände, oft sieht er sein eigenes,
und alles in Bewegung.

Die permessische Nachtigall

Du willst, o sanfter Jüngling,
Dem Grame Preis dich geben,
Weil Hoffnungen dich täuschten,
Weil Freuden dich verließen?

Befrage du die Sonne,
Die ewigjunge, ob sie
Je auf der weiten Erde
Was Dauerndes beschienen.

Mit Götterarmen thürmte
Ein Riesenvolk der Vorzeit,
Als Denkmal seiner Stärke,
Dies ungeheure Werk auf;

In angestaunten Trümmern
Die Erd' itzt weithin deckend,
Mit Busch und Baum durchwachsen,
Zeugt's von der Menschen Ohnmacht.

Siehst du die Rieseneiche
Hier unter uns, wie eine
Gestürzte Himmelssäule,
Neun Morgen Landes decken?

Sie konnte sich der Kämpfe
Des Kadmus noch erinnern;
Sah Theben in der Wiege;
Noch jüngst mein Sitz, - da liegt sie.

Und jenes holde Mädchen,
Das meinem Liede lauschend,
Ich oft in ihrem Schatten
Gesehn; ich seh' es nicht mehr.

Du siehest, alles Große
Und alles Schöne gehet
Im Lauf der Zeiten unter.
Selbst dieses stolze Theben,

Alcidens, Pindar's Wiege,
Wird einst in Schutte liegen;
Und mühsam nur der Wandrer,
Wo es einst stand, entdecken.

Drum heische nichts von Dauer;
Und fromm den Göttern trauend,
Versuche nie den Schleier
Der Zukunft du zu lüften.

Freu' dich des Wests, der deine
Hochglüh'nde Wange kühlet;
Freu' dich der Felsenblume,
Die deinen Pfad erheitert.

Wer weiß, ob nicht schon morgen
Ein feindlich Ungeheuer,
Deß Dasein wir nicht ahnten,
Sein tödtend Gift uns zusprüht.

Pindar's Fest

Vom weitgesehnen Gipfel
Des Hypatos erhebet,
Gleich einem goldnen Schilde,
Sich jetzt die Morgensonne;
Da strömt längs Dirce's Ufern
Ganz Theben zu dem Denkmal
Des göttergleichen Pindar's.
Der festlichen Drommete
Weithallendes Getöne
Verkündet den Bewohnern
Der Ebene die Feier.
Die angefangne Furche
Nicht endend, eilt der Pflüger,
Die langverfolgten Spuren
Des nicht mehr fernen Wildes
Verlassend, eilt der Jäger
Am Feste Theil zu nehmen.
Schon sehen sie vor breiten,

Mit einem ganzen Haine
Nur aufgeblühter Rosen
Gedrängt beladnen Wagen
Die stolzen Viergespanne,
Dem Schaum des Meers vergleichbar
An Weiße, wild sich bäumen;
In purpurnen Gewanden
Folgt eine lange Reihe
Von Jünglingen, mit Sorgfalt
In goldenen Gefäßen
Milch, dunkeln Wein und Honig
Und Wohlgerüche tragend;
Dann Thebens schönste Töchter,
Je zwei und zwei: sie scheinen
Zwei unschätzbare Schnüre
Von gleichenlosen Perlen,
Zum Schmuck der Liebesgöttin
Bestimmet oder Juno's:
Sie tragen Blumenketten,
Auf denen noch der Thau glänzt.
Voll feierlichen Ernstes
Nahn jetzt die heilgen Chöre
Der Sänger und der Priester,
Je vier und vier; und ihnen
Folgt, die gekrönte Leier
Im Arm, allein Korinne.
Den Zug beschließt, von Silber
Und Golde strahlend, jene
Neidwerthe Schaar von Siegern
In Pisa's und Nemeens,
In Pytho's und des Isthmus
Hochangestaunten Spielen,
Die Pindar noch besungen
In ruhmverleih'nden Hymnen.
Wie schaumbekränzte Wellen

Sich um ein Prunkschiff drängen,
Das sich mit Hekatomben
Und reichen Opfergaben
Den Küsten Delos nähert;
So wogen um den Festzug
Böotiens Bewohner.

Schon tönten, wie melodisch,
Dircäen' s Wasserfälle;
Doch barg sie noch dem Auge
Der Lorbeerhain um Pindar's
Anmuthig Denkmal. Hier war's,
Wo er im Leben oftmals
Geschäftig - einsam weilend
Apollo's Anhauch fühlte.
Melodischer ertönten
Dann Dirce's Wasserfälle;
Wie leise Geistersprache
Erklang der Bäume Säuseln;
Und webt ' ein Blick der Sonne,
Des Haines Nacht durchdringend,
Um ihre schwarzen Stämme
Wie eine goldne Hülle,
So däucht es ihm, er höre
Der Musen holde Stimme
Zum Saitenspiel Apollo's.

Jetzt öffnete der Hain sich,
Und breitete das Denkmal
Vor dem begier' gen Blick aus
Der ehrfurchtsvollen Menge.
Da stimmt das Chor der Sänge,
Von Flötenklang begleitet,
Harmonisch dieses Lied an:

Empfang', erhabner Schatten !
In deiner heil'gen Ruhe
Den Dank des Mutterlandes,
Das du mit Ruhme kröntest.

So lang auf jener Höhe
Die Mauern Thebens glänzen,
So lange wird an Dirce's
Gestad dein Lob ertönen.

Wir bringen diese Gaben,
O Schatten, deiner Hülle,
Die leichter Staub hier decket;
Du selbst bist bei den Göttern.

So sang das Chor. Da wandten
Sich plötzlich Aller Blicke
Nach dem Gebirg des Sphinres.
Als Pindar, Thebens Zierde,
Nach langer Fahrt nun endlich
Des Lebens stille Mündung
Erreicht; da sprach Apollo
In Delphi's Heiligthume:
«Dem Sänger, der im Leben
«Das Mahl Apollo's theilte,
«Erhebe nach dem Tode
«Ein Hain sich und ein Tempel;
«Ihm opfre seine Heimath,
«Wie einem der Heroen;
«Und nur mit meinem Feuer
«Entzünde sich das Opfer.
Da sandte Theben jährlich,
Zwei Tage vor der Feier
Des Festes seines Sängers,
Nach Delphi, von Apollo

Das Feuer zu empfangen
Zum heilige'n Dienst des Festes.
Jetzt kündigte ein lautes
Geschrei des Boten Näh' an;
Und als er nun die Menge
Durchritt, da senkten alle
Das Angesicht zur Erde,
Apoll's Geschenk verehrend.

Es hatt' ein Theil indessen
Der Jünglinge den Umfang
Des Heiligthums mit Rosen
In blanken Silbertöpfen
Umstellet, und von Säule
Zu Säule Blumenketten
Gezogen und geschlungen;
Da nahmen aus den Händen
Der übrigen die Priester
Die goldenen Gefäße
Mit Milch und Wein und Honig
Und köstlichen Gerüchen,
Und nahten dem Altare,
Auf dem des Gottes Flamme
Des heiligen Weihrauchs harrte.
Als sie nun leise betend
Die außerles'nen Düfte
Gestreuet in die Flamme,
Da schlug sie, weithin blitzend,
Bis an des Tempels Decke.
Indessen lag die Menge
Unbetend auf dem Antlitz.

Nun nahten Thebens Töchter
Korinnen sich, zum Dreifuß
Sie zu begleiten, welcher,

Dem in Apollo's Tempel
Zu Delphi völlig gleichend,
Unweit des Fußgestelles
Von Pindar's Standbild prangte.
Es hatte mit gen Himmel
Erhobnem Blick der Künstler
Ihn dargestellt; der Sänger,
Nichts Irdisches mehr achtend,
Lauscht gierig dem Gesange
Der hohen Pieriden,
In des Kroniden Anblick
Entzückensvoll verloren.

Erröthend läßt Korinne
Sich auf den Dreifuß nieder,
Und hebt, sich mit der Leier
Begleitend, dieses Lied an:

Leih' deine goldne Leier,
Apollo, mir; leiht, Musen,
Mir eure Silberstimme;
Soll Pindar's Lob ich singen.
Noch lag er in der Wiege,
Und lächelte süßträumend,
Da stürzten aus den Lüften
Zwei wunderschöne Schwäne.

Sanft faßten mit den Schnäbeln
Die Henkel sie der Wiege,
Und strebten raschen Fluges
Zum Gipfel des Parnasses.
Dort harrtet ihr des Kindes,
O Musen und Apollo !
Und weihtet schon als Säugling
Ihn eurem heil'gen Dienste.

Den Schlummernden nimmt Klio
Auf ihren Schooß, ihm netzet
Apollo selbst die Lippen
Mit dichterischem Wasser,
Und haucht ihm seinen Geist ein.
Indeß umflocht der Musen
Geschäftig Chor die Wiege
Mit Rosenlorbeerzweigen.

Da brachten ihn die Schwäne
Mit tönendem Gefieder
Die sanftern Lüfte theilend,
Zurück an Dircens Ufer.
Wer mag den süßen Schrecken
Der Elternherzen schildern,
Als von des Tages Müh'n sie
Heimkehrend so ihr Kind sah'n !

Denn nicht von Kadmus stammte,
Noch einem der berühmten
Thebanischen Geschlechter,
Der ungekannte Pindar.
Die mächtigen Götter aber
Erheben oder senken
Nach eigenem Gefallen
Das Staubgeschlecht der Menschen.

Zum Herrscher im Gesange
Erwähleten sie Pindarn.
Melodisch war das Lallen
Des Kindes schon; der Knabe,
Nur selten der Genossen
Lärmvolle Spiele theilend,

Vertiefte gern ins Dunkel
Der Haine sich und Grotten.

Hier übt, des Sonnenlaufes
Uneingedenk, abwechselnd
Er Geist und Stimm und Hände.
Und als er einst zur Leier
Ein ihm genügend Lied sang;
Da sah, so geht die Sage,
Ein Hirt den Gott der Fluren
Zu seinem Liede tanzen.

Der anmuthsvolle Zeisig,
Der sanfte Hänfling horchen,
Wie lieblich auch, ihr eigner
Gesang ist, oft den Tönen
Der andern Waldgenossen,
Und ahmen, sie verschönernd,
Und in ihr Lied verwebend,
Sie nach zur Lust der Hörer.

Doch im Gefühl der Schönheit
Und gleichenlosen Fülle
Des eigenen Gesanges,
Vermeidet selbst die Spuren
Fremdartiger Bereich'rung
Die Nachtigall, aus tiefer
Und unversiegter Quelle
Stets kühnre Weisen schöpfend.

So Pindar's Lied, stets eigen,
Stets neu und unerreichbar;
Dem Könige der Flüsse
Böotiens vergleichbar,

Der auf Cithärons Abhang
In dreier Eichen Mitte
Wie eine Demantsäule
Dem Schoß der Erd' entsteiget;

In Thaugestalt vielfärbig
Dann niedersinkt; zum Bach wird;
Von Fels zu Fels dann stürzend
In weitgehörten Fällen
Die Ebene erreichet;
Wo andre Bäche, Söhne
Des Schneees oder Regens,
Ihn bald zum Fluß vergrößern.

Hier wirft der kühne Jüngling
Die ungeduld'gen Arme
Um Dero's sanfte Reize,
Der Huldgöttinnen Insel;
Doch ehrfurchtsvoll beim Anblick
Von Juno's nahem Tempel,
Verläßt die irren Pfad' er
Ihm untersagter Liebe.

Und fließt jetzt leise, daß er
Der Helden sanften Schlummer
Nicht störe, die mit eignem
Und Strömen Perserblutes
Platäens Ruhmgefilde
Getränkt, worauf bald riesig
Der Freiheit Eich' emporstieg,
Ganz Griechenland beschattend.

Schon harren sein Apollo's
Gefei'rter Strom Ismenus,
Und der am Thron Kronions

Entspringende Thermodon,
Und du, an Oel und Trauben
Gesegneter Skamander,
Sein Glanzgefolg zu bilden
Auf seinem Lauf zum Meere.

Jetzt stürmt in Felsenufern
Weithallend er zum rauhen
Orop ' und zu des Sehers*
Quellreichem Tempelhaine;
Und nun mehr einem Seee
Als einem Strome gleichend,
Betritt, der Fluth nicht achtend,
Er das Gebiet des Meeres.

So schrittest, unaufhaltbar,
Und hehr und vielgestaltig
Du stets, gleich einem Gotte,
O Sänger, auf dein Ziel los;
Das Irdische mit Riesen-
Gewalt zu dir erhebend,
Vom Schimmer ungeblendet
Des Himmels, deines Wohnorts.

Es horchte dir mit Wonne
Der delphische Apollo
In seinem Heiligthume.
Sag ', wie war dir zu Muthe,
Als vor der ganzen Hellas
Er durch das Haupt der Priester
Zu seinem eignen Mahle
Dich lud, der Gott den Menschen ?

Da setzten die Achaier,
Dem Gotte zu gefallen,

Dir einen goldnen Dreifuß
Auf des Altares Stufen;
Und sitzend vor dem Gotte,
Und, wie er selbst, die Krone
Von Lorbeer auf dem Haupte,
Sangst seit der Zeit dein Lied du.

Und doch, obgleich des Gottes
Genosse, und der Größe
Des eigenen Verdienstes
Dir tiefbewußt, blieb immer
Dein königlich Gemüthe
Von Scheelsucht unentweihet
Und hämischer Verachtung
Beim Anblick fremden Werthes.

«Wer soll den Hain beleben,
Wenn ihn, ein Raub der Jahre,
Die alten Nachtigallen
Verlassen?» sprachst im Kreise
Der sämmtlichen Hellenen
Um Tage du, als freudig
Du in Korinnens Locken
Den Siegeslorbeer flochtest.

Zu früh, obgleich die Blume
Des Alters schon die Schläfe
Dir schmückte, nahmen dich uns
Die Götter; ungeduldig,
Dich, ihres Wonnelebens
Und ihrer ew'gen Jugend
Gefährten, in Olympos
Goldsälen zu bewundern.

Wir aber flehn, o Heros,
Zu dir: beschütze Theben,
Böotien und Hellas !
Und nimm die goldne Krone,
Bestimmt mein Haupt zu schmücken !
Wer möchte sich, erkühnen,
O Sänger ohne Gleichen,
Vor dir sein Haupt zu krönen ?

(Sie nimmt die Krone, und setzt sie auf Pindar's Haupt.)

* Amphiaraus

Das Kind und der Storch

Das Kind

Sei tausendmal willkommen,
O lieber Storch ! schon lange
Sah ich nach jenen Bergen,
Ob du nicht kommen würdest.
Des Frühlings kleinre Kinder
Sind alle schon gekommen !
Die Schwalbe und der Hänfling,
Die Meise und die Lerche,
Und singen in den Lüften,
Und singen auf den Feldern
Und in des Hains Gebüschen.
Sag', wo bliebst du so lange ?
Sind sie davon geflogen,
Ohn' etwas dir zu sagen ?
... Sag' mir, wo bleibt ihr alle,
Wenn ihr im Herbst allmählig,
Wie Gäste nach der Mahlzeit,
Verschwindet, und wir keinen
Von euch im Winter sehen ?

Sag', wohnt ihr in den Wolken?
Gern hätt' ich oft die Schwalbe,
Die unter unserm Dache
Ihr Nest hat, ausgefraget;
Doch die ist so geschäftig,
Fliegt rastlos hin und wieder,
Und bringt bald etwas Wolle,
Bald etwas Moos im Schnabel
Herbei, und baut und klebet;
Da will ich sie nicht stören;
Und dann ist sie zu klein auch;
Was kann sie mir erklären?
Drum sage mir das alles,
O lieber Storch! ich möchte
Es gar zu gerne wissen.

Der Storch

Du weißt, wenn von den Bäumen
Das Laub zu fallen anfängt,
Und kältre Winde blasen;
Dann kommen alle Störche,
Die euer That bewohnen,
Auf jener Höh' mit lautem,
Betäubendem Gekreische
Zusammen, stellen endlich
Sich in ein großes Dreieck,
Erheben in die Luft sich,
Und über eure Berge
Hinüberfliegend, sind sie
Euch bald aus dem Gesichte.
So fliegen viele Tage
Wir über Berg' und Thäler
Und Wald und Au und Ströme,
Oft kaum die Nächte rastend,

Bis wir das Meer erreichen....
Du weißt doch, was das Meer ist ?

Das Kind

Nein, lieber Storch ! erklär' mir's.

Der Storch

Du siehest, euer Thal ist
Ringsum mit hohen Bergen
Umgeben, und ihr sitzet
Darin, gerad' als säß't ihr
In einer großen Kufe.
Nun siehst du dort den Waldbach,
Der laut vom Felsen stürzet,
Und bald darauf zum Teich wird.
Nun denke dir, es stürzen
Von allen Bergen, die euch
Umgeben, solche Bäche;
Bald würden dieses Thal sie,
Nicht wahr, mit Wasser füllen?

Das Kind

Ach, lieber Storch, es wird mir
So bange vor dem Wasser ?

Der Storch

Befürchte nichts: ich sprach ja
Nur so, die Bäche werden
Nicht kommen, sei du ruhig.

Nun, wie so ein mit Wasser
Gefülltes weites Becken,
Und viel viel größer noch, ist
Das Meer. Darüber fliegen
Wir furchtlos weg. Da sehen
Aus einem breiten Thale
Wir sieben* kleine Meere
Ins große Meer sich stürzen.
Hier finden fröhlich wieder
Wir den entflohnen Sommer
In seinem schönsten Schmucke,
Und bauen unsre Nester
Auf himmelhohe Berge ?**
Von ungeheurem Umfang
An ihrem Fuß, die aber
In stetiger Verjüngung
Viereckig sich allmählig
Bis in die Wolken heben.

In diesem Thale finden
Wir auch den schönen Vogel,
Aus dem Geschlecht der Schwäne,
Mit rosenrothem oder
Zuweilen feuerrothem
Gefieder, den sie deshalb
Auch Flammenvogel nennen.

Doch können unsre Jungen
Bereits sich selbst ernähren,
So fliegen wir auf's neue
(und oft der Flammenvogel
Zugleich mit uns) hoch über
Das Meer hinweg, und kehren
In dies und andre Thäler
Im Frühlinge zurücke.

Das Kind

Von allem, was du sagtest,
O lieber Storch, kam nie mir
Das mindeste zu Sinne.
Ich glaubte, diese Berge,
Die unser Thal umschließen,
Und rings den Himmel stützen,
Sei'n auch der Erde Gränzen,
Und hinter ihnen wohne
Die Nacht mit ihren Schrecken.
Auf ihren Gipfeln hausen,
So dacht' ich, Mond und Sonne
Und ihre schönen Kinder,
Die Sternelein. Die schlummern
Den Tag durch in den Wolken,
Und folgen, wie wir Kinder,
Das Kleid der Mutter haltend,
Selenen***, wenn des Nachts sie
Die Himmelsflur durchwallet.
Bist du nur etwas größer,
So dacht ich, dann ersteigst du
Die Berg', und überraschest
Die wunderschönen Schläfer
In ihren Wolkenbetten.

* Die sieben Arme des Nils
** Die Pyramiden
*** Der Mond

Das Heldendenkmal

Der Hirt

Du staunest, junger Fremdling,
Beim Anblick dieses Denkmals,
Das fast an jeder Stelle
Der Ebne des Asopus
Des Wandrers Aug' erscheinet ?

Der Fremde

Am Fuße jener Berge
Geboren, wo die Stimme
Des Donners fast nie schweiget,
Hab' ich Epirus Thäler,
Die heiteren Gefilde
Thessaliens, den Tempel
Apollo's und die Städte
Der glücklichen Phokäer,
Und alle schönen Städte,
Die eure Heimath schmücken,
Mit allen Heldenmälern
Gesehen und bewundert;
Doch nichts zog je mein Auge
So an wie dieses Denkmal,
Das Thal dort ausgenommen
Am Strande des Euripus,
Das sie das Thal benannten
Der guten Königin. Sag',
Wem weihte dieses Denkmal
Die Vorzeit? Denn die Moose,
Der junge Wald von Bäumen,
Der ihm entwächst, sagt deutlich:

Es stamme aus den Zeiten
Der Ahnen eurer Ahnen.

Der Hirt

Gern theil ich seinen Ursprung
Dir mit nach unsern Sagen.

Noch vor dem Zug nach Troja
Als Könige und Fürsten
Böotien beherrschten,
Gebot in Skolos Mauern,
Der lieblichsten der Städte
Längs des Asopus Ufern,
Astor, der Sohn Elphenors.
Muth in Gefahr und Dienste,
Dem Vaterland' erwiesen
In früher Jugend, später
Gewalt, List und Verbrechen
Verhalfen ihm zur Herrschaft.
Des kargen Lebens müde
Von wagnißvollem Raube
Auf des Cithärons Höhen,
Versammelten sich Räuber
Um ihn, beim ersten Winke
Gerüstet zur Vollziehung
Der blutigsten Befehle.
So hatte sich der Wüthrich
Allmählig Eteonens,
Hysia's und Erythrens
Durch Trug und Macht der Waffen
Und der Bewohner Zwietracht
Bemächtiget; da wandten
Sich seine gier'gen Blicke,
Sein Denken und sein Streben

Nun nicht mehr von Platäa,
Der Königin der Städte,
Leïtens schönem Erbe,
Des friedlichsten der Herrscher.

So lang Arkesilaos,
Der weitberühmte Vater,
In Fülle der Gesundheit
Noch in Platäa herrschte,
Das ihm sein Dasein dankte;
Durchzog mit Androkrates,
Dem kühnen Kampfgenossen,
Der tapfere Leïtes
Die Stämme der Hellenen,
Das Festland und die Inseln,
Nach Heldenruhme strebend.
Doch als Arkesilaen
Apollo's Pfeil* getroffen,
Da nahm den Sitz des Vaters
Er an Platäa's Thoren,
Der Völker Streitigkeiten
Nach Recht und Klugheit schlichtend.
Die angefangnen Mauern
Platäa's und die Tempel
Der Juno und Minerva
Vollendet er im Sinne
Des rühmlichen Erzeugers;
Erhöhet und befestigt
Dann des Asopus Ufer,
Des Pflanzungenverwüsters,
Sobald vom Hauch des Lenzes
Cithärons hoher Schnee schmilzt.
Vier Brücken, gegen welche
Des Stromes wüth'ge
Hörner Vergeblich stoßen, ketten

Das holde Eiland Derö
Wie ein prunkvolles Fahrzeug,
Das mächt'ge Anker halten,
An Stadt und Thebens Ebne.
Drauf unternahm ein Werk er,
Der Riesenzeiten würdig.
Aus dieser Tiefe führte
Kühn über und durch Felsen,
Hier längs des Abgrunds Rande,
Dort ob des Waldstroms Bette,
Die sichre breite Straße
Er über den Cithäron
Hinüber nach Megara.

Indeß erwuchsen Reben
Von mannichfacher Farbe
In Derö's üppigem Schooße
Zum anmuthsvollen Haine.
Er hatte sie aus Kreta
Gebracht als zarte Kinder,
Und pflegte sie mit Liebe
Auf dem unheimathlichen
Noch ungewohnten Boden.
Doch schon die Enkelinnen
Der Töchter Kreta's hielten
Böotiens Gefilde
Für ihre Muttererde,
Trotz seiner rauhen Lüfte
Und seiner kältern Sonn.
Es währete nicht lange,
So ließen sie sich willig
Auf die zu offnen Hügel
Gen Leuktra hin verpflanzen.
Gern saß in ihrem Schatten
Leïtes auf der Ebne,

Da wo die Straße, sein Werk,
Nach Thespiä sich schlängelt
Durch schilfiges Gesümpfe.
Und jedem späten Wandrer
Bot freundlich er ein Obdach.
Naht aber ihm ein Sänger,
So sammelt er die Edlen
Des Volks in seinen Sälen,
Setzt in des Kreises Mitte
Den gottbeseelten Sänger,
Reicht ihm die goldne Leier,
Und alles lauscht dem Liede
In feierlicher Stille.
Und von dem Tag an galt ihm
Der Sänger als ein Gastfreund;
Auch brachten seinen Namen
Und seine Thaten dankbar
Die Sänger auf die Nachwelt.

Als aber nun Leïtes
Platäa zwanzig Jahre
Beherrscht, da winkt' im Traum einst
Die jüngstverstorbne Gattin
Ihm in die Wonnehaine
Elysiums: und trauernd
Umhing der nächste Frühling
Mit seinen Blumenkränzen
Sein Grab, bei dem der Gattin,
Unweit der schönen Grotte
Der Nymphen des Cithärons.

Den jüngsten seiner Söhne
(Zwei ältere hatt ' Eos,
Die kinderlose Göttin,
von ihrem Reiz bezaubert,

Noch bei der Mutter leben
Entführt), Arkesilaos,
Den jüngsten seiner Söhne,
Empfahl Leïtes sterbend
Dem biedern Androkrates:
«Sein Ahn, so rühmst du selber,
«Vertrat dir Vaterstelle;
«Vergelt es seinem Enkel,
«Der hülfelosen Waise !
Und es versprach's der Krieger
Dem königlichen Freunde
Mit einer heißen Thräne,
Die seinen grauen Wimpern
Entstürzend auf die Hand fiel
Des Sterbenden; und heiter
Entfloh Leïtens Seele.

«Die Zeiten fordern Waffen !»
Sprach jetzt zu den Platäern
Der Held, dem Königsstuhle
Des friedlichen Leïtes
Zur Seit und tiefer stehend:
«Leïtens Ruhm und Weisheit
«Hat ' uns bisher beschützet;
«Doch jetzt muß eigne Stärke
«Euch und den Erben schützen
«Der väterlichen Herrscher.
«Gesellen wir denn künftig
«Zu allen unsern Festen
«Ein Bild, ein lehrend Vorspiel
«Des Krieges und der Schlachten.
«Denn eng und immer enger
«Umstricket uns der Wüthrich.
«Nur Vorsicht, Eintracht, Stärke
«Vermögen uns zu retten.»

Mit lautem Zuruf billigt
Der Hörer Kreis den Vorschlag.
Und wer blieb ohne Thränen
Der dankbaren Verehrung
Am kriegerischen Feste
Der schützenden Minerva,
Als zu dem Klang der Flöten
Die langen Reih'n der Krieger
Platäa's weite Straßen
In feierlicher Stille
Durchzogen, nur das Klirren
Der blendendhellen Schilde
Ertönte, und den Prachtzug
Der tapfre Androkrates
Beschloß, im Silberharnisch,
Den er in Kreta's Spielen
Erkämpft, und mit dem goldnen
Und hochbebüschten Helme,
Den ihm Leïtes schenkte?
Es blieb kein Auge trocken,
Als er, der graue Krieger,
Mit einer Amme Sorgfalt
Platäens künftigen Herrscher
Trug auf dem Arm. Es schauet
Das Kind im blanken Harnisch
Sein eignes Bild, und wähnet
Es seh ' ein andres Kindlein;
Und seine Freude stammelnd,
Verbreitet es die Arme
Nach ihm, und will es küssen.
Getäuscht von seinem Wahne,
Betrachtet ernst und forschend
Es lange sich im Spiegel
Des trügerischen Panzers,

Und überläßt sich endlich
Demselben Wahn auf's neue.

Kaum hatte Androkrates
Sechs Monde den Platäern
Den friedlichen Leïtes
Ersetzet, als der Wüthrich
Der nahen Städte, Astor,
Ihm einen Boten sandte:
«Vereine deine Krieger
«Mit Astor's mächtigen Heeren;
«Und habt ihr dann gemeinsam
«Die Thespier besieget,
«So überläßt zum Lohne
«Er dir die Städte Leuktra
«Und Eutresis. Auch sendet,
«Zum Zeichen seiner Freundschaft,
«Er dir von einer Asche,
«Die ihm ein mächt'ger Zaubrer
«Am Fuß des Oeta schenkte.
«Wie wenig du davon auch
«In eine Schale mischest;
«Noch vor der dritten Sonne
«Löscht sie des Lebens Flamme,
«Und wär' dein Feind ein Riese.

Verlass Platäa's Gränzen,
Noch eh die Sonne sinket
(Erwiedert Androkrates
Voll edelmüth'gen Zornes),
Daß nicht etwan im Unmuth
Den Boten ich verletze,
Der in der Götter Schutz steht.
Er schlag' allein, der Wüthrich,

Mit seinen Räuberhorden
Die Thespier wenn jemals
Sie ihn beleidigt; aber
Zum Herzen dieses Kindes,
Das Androkratens Fürst ist,
Gelangt sein Dolch nur über
Den Leichnam Androkratens.

«Hört doch die stolze Sprache
«Der kriegerischen Amme !
(Erwiederte, hohnlachend,
Auf den Bericht des Boten
Die Völkergeißel Astor
Im Antlitz seiner Krieger)
«Du Thor mit greisem Haare
«Hast du denn schon gesehen,
«Wie furchtbar diese Rechte
«Der Krieger Reihen mähet
«Am Tag der Schlacht ? Der Harnish
«Und Helm, den dir die Kreter
«Als Gastgeschenk einst reichten,
«Erfüllt dein Herz mit Wahnsinn.»

Und bald darauf brach eilig
Er auf mit seinen Horden
Den Thespiern entgegen,
Und schlägt sie, und erobert
Die dritte Stadt nach Theben;
Denn Eifersucht und Zwietracht
Vernichten ihre Stärke.
Jetzt sprach zu den Platäern
Der weise Androkrates:
«Ich sehe das Gewitter
«Schon unsern Mauern nahen.
«Ich gehe diese Nacht noch

«Mit diesem Kinde, meinem
«Und euerm Herrn, nach Delphi,
«Und leg ' es in die Hände
«Des mütterlichen Ahnen,
«Des mächtigen Beherrschers
«Der glücklichen Phokäer.
«Es bessern Zeiten sparend.
«Zugleich befrag ' ich Phöbus
«Untrügliches Orakel
«Um unser künftig Schicksal.»

Beginnt von beiden Häuptern
«Der Kampf, und fällt der Führer
«Platäa's von dem Schwerte
«Des Führers der vier Städte;
«So sieget ihr: die Schlange
«Kommt durch ihr eignes Gift um.»

Dies war Apollo's Antwort.
Lang, doch vergeblich, dachte
Dem Sinne dieser Worte
Er nach; da sprach er endlich:
«Stets dunkel bleibt, o Götter,
«Der Sinn mir eurer Worte,
«Doch, blindlings ihnen trauend,
«Eil ' ich sie zu erfüllen.»

So kommt er nach Platza,
Und rüstet sich zum Kampfe,
Obgleich kein Feind noch da war.

Kaum aber hatte zweimal
Selene ihren Kreislauf
Vollbracht, als von den Höhen
Hyriens her, die ganze

Unabsehbare Ebne
Vom Strom bis zum Cithäron
Bedeckend, Astor's wilde
Mordsüchtge Horden nahten.
Er selbst sandt' einen Herold,

Und heischte, daß Platäa
Sich ohne Kampf ergebe.
Schnell aber kehrt der Bote
Zurück, und bringt die Antwort:
Es fordre Androkrates
Den Astor auf zum Zweikampf.

«Willkommen, lieber Gegner,
«Willkommen mir ! » lacht Astor.
«Ihr seid doch willig, Krieger !
«Falls ich im Kampf erliege,
«Platäa's großem Helden
«Von Stund' an zu gehorchen ?»

Ein schallendes Gelächter
Ertönt, sich oft erneuernd,
Durch Astor's Kriegerschaaren.

«Geh, geh (sprach er zum Herold)
«Geh, melde den Platäern:
«Ich sei bereit zum Zweikampf.»

Sich gegenüber standen
Die Schaaren der Platäer
Und die zahlreichen Schaaren
Des Wüthrichs der vier Städte.
Da hüllet Androkrates
Sich in ein stählern Netz ein,
Hängt sein getreues Schwert um,

Ergreift den leichtsten Schild dann,
Und, eine mächt' ge Lanze
In seiner Rechten haltend,
Sprach jetzt er zu den Seinen :
«Schöpft einen Helm voll Wasser
«Mir noch aus dem Asopus;
«Es stärke mich zum Kampfe.»

Ein rüst'ger Jüngling eilet
Hin und zurück, und reichet
Den vollen Helm dem Führer.
Da spendete den Göttern
Stillbetend er, und ruft dann :
«Laßt mein freiwillig Opfer,
«O Götter, euch gefallen,
«Und schenket langen Frieden
«Der Stadt und ihrem Herrscher ! »

Mit Wohlbehagen leert er
Den Helm. Doch der Platäer
Unabgewandtes Auge
Erfüllen heiße Thränen.

Da schwebet, einem Teiche
Der Insel des Asopus
Entstiegen, rauschend über
Die Häupter der Platäer
Ein blendendweißer Schwan hin;
Indessen von Hyriä
Lautkreischend einem dunkeln
Gewölke sich entschwingend,
Ein Königsgeier herstürmt.
Am dünnen lichten Saume
Der Wolke treffen beide,
Gerad ' ob dem Asopus,

Zusammen, und beginnen
Sogleich den Kampf. Sie stürzen
Mit weitgedehnten Schwingen
Und fürchterlichen Krallen
Nur zweimal aufeinander;
Da sank der Schwan, mit Blute
Das glänzende Gefieder
Bedeckt, in des Asopus
Hochspritzendes Gewässer;
Den stolzen Geier aber
Verschlang die schwarze Wolke,
Und laut rollt Androkraten
Zur rechten Hand der Donner.

Es blickt mit heiterm Auge
Gen Himmel Androkrates,
Und ruft mit froher Stimme:
«Ich dank euch für dies Zeichen,
«Bewohner des Olympos !
«Der Sieg ist mein ! Zwar sterb ' ich,
«Doch du bist frei, Platäa ! »

Jetzt nahet mit der Antwort
Der Herold. Da begeben
Aus der Platäer Reihen
Der Juno und Minervens,
Aus Astor's Schaaren aber
Der Ceres und Apollo's
Verehrte heilige Priester
Sich in der Heere Mitte,
Den Kampfraum abzumessen.
Dann schütteln sie des Wüthrichs
Und Androkratens Loose
In heil'ger tiefer Urne,
Zu wissen, wer von beiden

Die erste Lanze würfe.
Das Loos traf Androkraten.

Da trat er, wie ein Jüngling
Zum Tanz mit holden Mädchen,
Aus der Platäer Reihen
Hervor, die ihm mit Thränen
Und lautem Seufzen nachsahn.
und als er nun den Kampfraum
Betreten, wo schon Astor
In ehrner Rüstung harrte;
Da warf er einen Blick noch
Hinüber nach Le-tens
Nicht fernem Grab, und schwang dann
Mit starkem Arm die Lanze,
Die mit Gezisch hoch über
Die Schulter Astor's hinflog,
Und furchtbartönend über
Die Spitze in den Grund drang.

Es schleudert nun auch Astor
Mit sichrer Faust die Lanze.
Sie dringt durch Androkratens
Bewährten Schild, doch ohne
Ihn selber zu verwunden.
Vergebens aber strebet
Der edle Held dem Schilde
Die Lanze zu entreißen;
Da wirft er Schild und Lanze
Von sich, und nahet rüstig
Mit blankem Schwert dem Gegner.
Vor Überlistung bange
Entreißet rasch der Scheide
Astor das Schwert, die Hand sich

Leicht ritzend in der Eile,
Und dringt auf Androkraten
Mit hoch erhobnem Arm ' ein.
Kaum ist der Kampf begonnen,
So hat er Androkraten
Verwundet an der Kehle.
Doch wenig Blut entströmet
Der breiten Todeswunde;
Es stehn in jeder Ader
Sogleich des Lebens Pulse,
Und kalt und ohne Regung
Sinkt Androkrat zur Erde.

Es hatte vor dem Kampfe
Ins schnellste seiner Gifte
Sein Schwert getauchet Astor
Bis an den Griff.
                    Betäubend
Erhob aus seinen Schaaren
Sich ein Geschrei der Wonne
Bei Androkratens Falle.
Platäa's Krieger stehen
Mit gramvol starren Blicken.

Doch wie verwandelt plötzlich
Sich in der Feinde Reihen
Der Wonnelärm in Grauen,
Als mit des Todes Zügen
Und wankend, sich der Wüthrich
Den Seinen naht, und plötzlich,
Als hätten ihn Zeus Donner
Berührt, ohnmächtig hinstürzt !
Sie eilen ihm zu Hülfe;
Doch es hat schon die Wärme
Des Lebens ihn verlassen.

Es pflanzte von der Hand sich,
Die er, sein Schwert entblößend,
Selbst aufgeritzt, der Tod sich
Schnell fort durch alle Glieder;
Es tödtete die Schlange
Das eigne Gift.
                    Als sähen
Kronions Blitze alle
Sie auf sich niederstürzen;
So flohen seine Horden,
(Es hatte Angst sie alle
Ergriffen) von der Wahlstatt
Nach ihres Führers Tode.
Er blieb zum Raube liegen
Der Vögel des Gebirges:
Es wollte keiner nahen
Der schauderhaften Stelle,
Wo ihn der Götter Zorn schlug.

Platäens Bürger aber
Und die befreiten Städte
Erbauten Androkraten
Auf diesem freien Hügel
Dies weitgesehne Denkmal,
Und feiern jeden Frühling
Drei Tage lang mit Spielen
Den freien Tod des Helden.

Und jeden Lenz erscheinet
(So sagen alle Hirten),
Vor Sonnenaufgang, oft auch
Nach Untergang der Sonne,
In seines Denkmals Nähe
Sein froher trauter Schatten

In eines prächt'gen Schwanes
Gestalt, nur höher, schlanker.
Dem hellsten Purpur ähnlich
Deckt Blut noch Brust und Flügel;
Und feierlichen Schrittes
Durchschreitet er die Ebne
Bis an Asopus Ufer,
Trinkt dreimal aus dem Strome;
Blickt zögernd nach Platäa
Und nach Leïtens Grabmal
Dann hin, kehrt sichtbar-freudig
Zu dieser Höhe wieder,
Umwandelt langsam dreimal
Den Umfang seines Denkmals,
Und, eh' du dich's versiehest,
Ist er dem Aug ' im Dufte
Der Dämmerung verschwunden.

* Homerischer Ausdruck für einen sanften Tod

Die Erscheinung

Im Lenz, beim ersten Schimmer
Der jungen Morgenröthe,
Vom zarten Silberrauche,
Der sich der Flur allmählig
Entschwinget, wie umschleiert,
Sang zum anmuth'gen Tanze
Ein Reigen junger Mädchen:

Wohin das Aug' sich wendet,
Begegnet ihm die Freude:
Sie hüpfet auf den Fluren,
Sie schwebet in den Lüften,
Sie flötet aus dem Haine,

Sie klettert auf den Bergen !
Drum laßt auch uns, Gespielen,
Den Tag der Freude weihen !

Da naht' ein Hirt und sagte:
Wie waget ihr, o Mädchen,
Die feierliche Stille,
Die sonst hier herrscht, mit euerm
Gesang zu unterbrechen ?
Seht ihr denn nicht die Stätte,
Von jungem Moos bekleidet,
Das Grab der Königstochter ? -

Da formt im Sonnenstrahle
Sich auf dem Blumengrabe
Ein rosenfarbner Nebel,
Wird klarer dann und klarer,
Und allen däucht, sie sehen,
Wie hinter einem Schleier,
Die Glanzgestalt der edlen
Erhabnen Königstochter.
Da hörten sie die Worte,
Wie zarten Klang der Flöte:

»Was schreckst du, Greis, die Mädchen ?
»Wie Lebende im Schlummer,
»Den Eos Flügel scheuchet,
»Ein Bild oft sehn der Feste,
»Die sie den Tag gefeiert:
»So zaubern ihre Lieder
»In meinen langen Schlummer,
»Den keine Eos scheuchet,
»Ein süßerinnernd Abbild
»Des frühverlaßnen Lebens.
»Ergötzet euch, o Mädchen,

»Eh' euch, wie mich, der Tod raubt,
»Nicht achtend auf der Mutter
»Nachjammernde Verzweiflung,
»Nicht achtend auf der Schwestern
»Lautschluchzend heiße Thränen.«

Der guten Königin Fest

Der Wanderer

Wird dieser Weg, o Greis, mich
In Harma's Ebne führen ?

Der Greis

Nein Fremdling ! Harma's Ebene
Liegt dort, jenseits der Hügel,
Die hinter uns sich heben.
Von Salganea führen
Zwei Wege hin: der eine
Und längere, am Ufer
Des Meeres; der andre
Am Fusse jener Hügel,
Die halb zu einem Thale
Sich senken, das dich mitten
In Harma's Ebne führet.
Was aber suchst du, Fremdling,
In jener Trümmerebene ?

Der Wanderer

Elphenor's Heldendenkmal,
Der einst des stolzen Chalcis
Schlachtkunige Abanter

Bezwang. Man sagt, ein Wunder
Sei es von Kunst und Reichthum.

Der Greis

Elphenor's sagst du, Fremdling ?
Nicht mit der Götter Willen,
So scheint es, ward dies Denkmal
Dem Sieger einst errichtet;
Denn von den eignen Händen
Posidons umgestürzet
Liegt es zugleich mit Harma's
Einst umfangsreichen Mauern;
Ja, selbst der Nam' Elphenor
Kam nicht auf unsre Zeiten.

Doch willst du Prachtdenkmäler,
O Fremdling sehn, wovon du,
Einst heimgekehrt, den Deinen
Erzählen kannst; so folge
In jenes nahe Thal mir
Von dem uns nur dies Flüsschen
Noch trennt. Dort feiern heut sie
Ein Fest. Du siehst, es eilen
Die Wanderer in Menge
Dem Thale zu. Bis wir es
Erreichen, will ich seine
Geschichte dir erzählen,
Nach einer alten Sage.

Der Wanderer

Ich folge dir und horche.

Geschichte des Thals.

Der Greis

Dem ältesten Geschlechte
In Griechenland entstamment,
Blüht' in Aspledons Mauern,
Der Huldgöttinnen Sitze,
Elisa. Sanfter schufen,
Zartfühlender und größer,
Die Götter keine Seele.
Ihr nahten alle Künste
Minervens und der Musen;
Und hatten ihre Werke
Ein Lächeln ihr entlocket,
Dann traten voll Vertrauens
Sie in die Bahn des Ruhmes,
Und schwangen wie auf Flügeln
Von Höhe sich zu Höhe.

Doch mehr noch als die holden
Erzeugnisse der Kunst, lag ihr
Menschenglück am Herzen.
Wie Flora rings um sich her
Auf die erstorbnen Fluren
Mit weiser Wahl die Schätze
Der Blumenwelt verbreitet;
So beut sie diesem Hilfe
Und jenem Trost, und streuet
Dort Samen künftigen Glückes.

Von so viel Reiz und Tugend
Besieget, warb der König
Der kriegerischen Phthia
Um ihre Hand, der größte
Der Männer um die holdste
Der Frauen. Schwere Kämpfe
Für hülfsbedürft'ge Freunde
Entfernten ihn vom Sitze
Der Väter oft auf lange.
Da hob sich, in den Stunden
Der freudelosen Trennung
Von dem geliebten Gatten,
In dem Gemüth ' Elisens
Der fromme Wunsch, die Fluren
Der langentbehrten Heimath
Doch endlich einmal wieder
Zu sehn und zu durchwandeln.

Wie wallt ihr Herz von Wonne,
Als sich Cephisus Ufer,
Des Königes der Ströme,
Im vollen Glanz des Lenzes
Vor ihrem Aug ' entfalten,
Wie mit behenden Schwingen
Azurne Sommervögel
Von Blum ' zu Blume flattern;
So fliegen ihre Blicke
Zu jeder Blumenwiese,
Zu jedem Schattenthale,
Zu jedem freien Hügel,
Zu jeder Felsenquelle.
Und über ihnen schweben,
Gleich zarten Luftgebilden
In heiterm Rosenlichte,

Die Wonnerinnerungen
Der frohen Kinderjahre.

Vom Glanze des Gefolges
Verschüchtert, hielten anfangs
Die liebenden Bewohner
Der Heimathlichen Erde
Den Ausbruch ihrer Wonne
Mit Ungeduld zurücke.
Als aber in den Blicken,
Im holden heitern Lächeln
Der Königin das immer
Sich gleichgebliebne Herz sie
Der Tochter ihrer Fürsten
Erkannten; da umtönte
Sie rings der Ruf der Freude.

Sei uns gegrüßt, o Fürstin,
Auf heimathlichem Boden,
Am rebenreichen Ufer
Des glüdlichen Cephisus !

Glänzt gleich der Stern des Norden
Nicht strahlender am Himmel,
Als du im Kreis der Frauen,
Die Kronen tragen, glänzest;

Doch dachtest du der Heimath.
Und wir, wir hingen alle,
Wie Bienen an der Rose,
An dir, auch in der Ferne.

Wie unschuldsvolle Schwalben
Die Wiegen ihrer Kinder

Ans friedliche Gesimse
Der Götterwohnung heften;

So knüpften der Entwürfe,
Der Hoffnungen Gewebe
Mit kindlichem Vertrauen
Wir all ' an dich, o Fürstin !

Arm schien der Lenz an Blumen,
Der Sommer arm an Früchten,
Und kälter unsre Winter,
Als du von uns dich trenntest.

Als hätt' uns aber Hebe,
Bei deiner Ankunft, Fürstin !
In goldner Schal auf's neue
Der Jugend Kraft gereichet;

So strömet neues Leben
In allen unsern Adern,
Und alles sieht das Auge
In hellem Rosenlichte.

Sei uns gegrüßt, o Fürstin,
Auf heimathlichen Fluren !
Und möchtest nie du wieder
Cephisens Strom verlassen !

In ländlich - frohen Festen
Entfliehen ihr die Tage
Wie Stunden in dem Kreise
Der liebenden Verwandten.
Es harreten einst ihrer
Am Ufer des Cephisīus
Im Glanz der Morgenröthe

Drei schöngeschmückte Nachen
Mit ungeduld'gen Segeln,
Bestimmt, sie vom Cephisus
Längs Kopaïs Gestade
Zur Stelle hin zu tragen,
Wo sich der See mit Brausen
In einen Abgrund stürzet.

Als sie und ihr Gefolge
Die Nachen jetzt bestiegen,
Da trug der hier sonst finstre
Und stürmische Cephisus
Sie, wie auf Liebesarmen,
Zu Kopaïs azurnen
Meerähnlichen Gewässern.

Es grüßet Orchomene,
Der Huldgöttinnen Wiege,
Von seinem sanfterhobnen
Und malerischen Hügel,
Es grüßet Cheronea
Von seinen duftumfloßnen
Entlegnen Höhn die Fürstin.

Hier tritt mit leisen Wellen
Der schilfbekränzte Melas,
Den Nachtigallgesänge
Jahr auf Jahr ein umtönen,
In's blaue Bett der klaren
Kopaïschen Gewässer.
In duft'ger Ferne pranget
Minervens heitrer Tempel,
Und fesselt durch die Anmuth
Ihm nahgelegner Haine,
In seltsame Gestalten

Kühn aufgethürmter Felsen,
Und zahlenloser Quellen
Das Auge des Betrachters.

Schon nähern sich die Nachen
Hercinens lauten Fällen.
Die spiegelhelle Tochter
Des Helikons, Hercina,
Trotz Warnungen und Bitten
Des Vaters mit Parnassens
Hochmüthig - finsterm Sohne
Vermählt, eilt hier ihr kurzes
Und freudenloses Dasein
Zu enden, blinder Ehrsucht
Beklagenswerthes Opfer.
Sie stürzet in drei Fällen
Von blendendweißen Felsen
Auf blendendweiße Felsen,
Die beiderseits von oben
Bis unten breite Säume
Hochfarb'ger Blumen schmücken.
Sie gleicht in ihrem Sturze
Den goldnen Weinen Cyperns,
Die der geschäft'ge Schenke
Aus einer Silberschale,
Die junge Rosen kränzen,
In silberne, mit Rosen
Bekränzte Becher gießet,
Und frohen Gästen darbeut.

Jetzt öffnet sich den Blicken
Der Fürstin eine reiche
Unabsehbare Ebne.
Hier wogt das Gold der Saaten;
Dort irren laute Heerden;

Wie Eilande, erhebet
Sich hie und da ein Fruchthain.
In nebeliger Ferne.
Erscheinet Koronea,
Das seiner jähr'gen Spiele,
Von Tausenden besuchet,
Sich freut. Auf schroffen Felsen
Ragt hinter ihm Minervens
Prachtvoller heitrer Tempel,
Als säß' die hehre Göttin
Auf einem Perlenthrone,
Und lenkte selbst die Spiele.

Hier prangt Alalkomene,
Nicht Stadt, nicht Garten, sondern
Ein schön Gemisch von beiden.

Nun reihn am Seegestade
Sich anmuthsvolle Hügel.
Es deckt den Fuß der Hügel,
Gleich einem goldnen Rauche,
Das Wallen reifer Saaten;
Die höh're Hälfte kräntzet
Die süße Frucht Lyäens.

Im Schooße dieser Hügel
Befindet sich die Grotte
Der heimischen Najaden.
Es gleichet keine Grotte
Der ihrigen an Größe
Und zauberischer Schönheit.
Vor ihrem weiten Eingang
Entsteigt dem klaren Schooße
Des kalten Sees, lautrauschend,
Ein warmer Quell und bildet

Wie eine Silbergarbe
Mit schöngebognen Ähren.
Es athmen rings die Lüfte
Die lieblichsten Gerüche.
Das Innere der Grotte
Gleicht Wänden von Saphiren,
Rubinen und Topasen.
Zwei Reihen Pyramiden
Aus Diamante stützen
Die ungeheure Decke.
Es sprießen aus dem Boden
Gewächse und Gebüsche
Von wundersamer Bildung,
Dergleichen man vergebens
An einem andern Orte
Der weiten Erde suchte;
An vielen Stellen heben
Sich moosbedeckte Sitze
Zu weichen Ruheplätzen
Der fröhlichen Najaden
Nach stundenlangem Spiele.

Den Schiffenden nicht sichtbar,
Bis sie es fast erreichen,
Zeigt plötzlich Okalea
Die stufengleichen Straßen.
Auf einem halbmondförmig
Sich hebenden, und stets sich
Je höher desto weiter,
Entfernenden Gebirge
Entfaltet sich die reiche
Uralte Stadt. Auf einem
Fast unwegsamen Felsen
Erhebet ihre Feste,

Gleich einer Krone, stolz sich
Bis an den Saum der Wolken.

Es furchen jetzt die Nachen
Des Lophis zähe Wogen
Es schwimmt unmerklich fließend,
Wie Rosenöl sein Wasser
Auf der azurnen Fläche
Des Sees, sich nicht vermischend
Mit Kopaïs Gewässer.

Nicht ferne vom Gestade,
Auf öder stummer Ebne,
In einem weiten Sumpfe,
Liegt, zwischen hohem Grase
Und Schilfrohr, eine Säule
Von ungeheurer Größe.
Hier, melden alte Sagen,
Erschlug der nimmersatte
Beherrscher Okaleens
Im Zorn den eignen Bruder,
Im Zwist um ein geringes,
Dem Willen ihrer Ahnen
Gemäß dem jüngsten Gliede
Des Stamms gebührend Erbe.
Als er mit eignen Händen
Das Leben ihm geraubet,
Verbrannt' in seiner Wuth er
Das Schloß ehrwürd'ger Ahnen,
Und legt' als Denkmal seines
Verruchten Siegs die Säule
Von ungeheuerm Umfang.
Doch Zeus, der hohen Götter
Und Erdbewohner König,
Schnellt seinen Blitz und stürzet

Das Denkmal des Verbrechers;
Winkt dann den unterird'schen
Verborgnen Quellen, schleunig
An's Licht hervorzubrechen,
Und rings die ganze Stätte
In einen Sumpf zu wandeln.

Im Glanz der Mittagsonne
Sehnn nun sie Haliarten
Anmuthig vor sich liegen.
Der friedliche Permessus
Durchschlängelt ihre Fluren,
Hier dem Gesang des Pflügers,
Und dort der sanften Flöte
Des frohen Hirten lauschend.

Woher der Strom von Düften,
Als hätten Myriaden
Kaum aufgeblühter Rosen
Hier ihre Wohlgerüche
Vereint, die Luft in reines
Ambrosia zu wandeln ? —

Nicht weit von Haliarte
Erhebt am Seegestade
Ein Hügel sich. Umgeben
Ist er von allen Seiten
Mit einem Pappelhaine,
Die Seeseit' ausgenommen.
Es ist der ganze Hügel
Nur eine Blumenmasse
Von oben bis nach unten.
Auf seiner Höh', aus Marmor
Der nachbarlichen Berge,
Erhebt sich, schön doch einfach,

61

Das Grabmal Charikleens.
Kaum hatte vierzehn Lenze
Die Reizende gesehen,
Da trat sie in die Reihe
Der Priesterinnen Besta's.
Ihr ganzes Leben hatte
Dem Wohlthun sie geweihet.
Die Witwe war ihr Mutter,
Die Waisen ihr Geschwister,
Die Leidenden Verwandte.
Aus Kadmus Stamm' entsprossen,
Der reichesten Bewohner
Des schätzestolzen Thebens
Allein'ge Erbin, kannte
Sie weder Ruh noch Freude,
Ohn Unterlaß beschäftigt,
Der Leiden Last zu mindern,
Und, noch auf Erden wandelnd,
Wohnt schon ihr Geist im Himmel.
Die Stätte ihrer Ruhe
Belebt das frohe Zwitschern
Hier ungestörter Vögel,
Belebt die laute Wonne
Zahlreicher frommer - Kinder,
Die an geweihten Tagen
Schon früh sich hier versammeln.

Bald zeigt dem Aug' der Segler
Sich unweit des Gestades
Ein malerischer Felsen.
Ihn decket, einem Teppich
Von bunten Farben ähnlich,
Von oben bis nach unten
Anmuthig Moos. In heitern,
Windlosen Tagen weilen

Im warmen Sonnenglanze
Delphine hier in Menge
Und jene raschen Vögel,
Des Sturmes sichre Boten,
Und kühne Alcionen,
Die ihrer Jungen Wiege
Den Wellen selbst vertrauen.

In einem tiefen Busen
Erhebet sich Onchestes
Mit seinem Säulentempel
Und schattenreichen Haine,
Dem Meerbeherrscher heilig.
Des Busens fernstem Winkel
Entschimmern hoch und glänzend
Medeons heitre Mauern.

Hier hören sie das Brausen
Von Hyla's Wunderfluthen.
Nachdem sie lang im Schooße
Der Nacht, durch unterird'sdhe
Gewaltige Gewölbe,
Dumpftosend hingeflossen;
Erblicken in der Nähe
Medeons sie von neuem
Den heitern Strahl der Sonne.
Vier starken Strömen ähnlich,
Entstürmen sie vier Höhlen,
Die, aneinander stoßend,
Wie eine ungeheure
Weitsäulig-offne Halle
Den Schiffenden erscheinen.
Erschrocken fliehn die Wellen
Des Seees ihre Nähe.

Verlassen haben jetzt
Das südliche Gestade
Des Kopaïs die Nachen,
Begrüßen Zeus, den Donnrer,
In seinem Heiligthume
Auf Hypat's Nebelhöhen,
Und streben mit vereinter
Gewalt der raschen Ruder
Und des gespannten Segels
Zum heitern Vorgebirge,
Wo säulenlos, cyklopisch
Aus großen Felsenblöcken
Erbauet, und den Zeiten
Trotz bietend und den Menschen,
Apollo's ältster Tempel
In Griechenlande pranget.

Hier hob sich einst (erzählte
Der Herrscherin der graue,
Redelige Pilote)
Die Wohnung eines Zaubrers,
Ein Wunder anzusehen.
So wie ein Erdbewohner
Sein mächtiges Gebiet nur
Betrat, war ohne Mitleid
Von ihm in einen Wolf er,
In einen Eber, Bären,
Luchs oder Leoparden
Im Augenblick verwandelt.
Einst hatte sich, unkundig
Der Gegend, eine Waise
In sein Gebiet verirret.
Da kam sogleich der Zaubrer,
In eines kleinen Knaben
Gestalt ihr froh entgegen.

Doch kaum hatt' ihre Hand er
Gefaßt, so ward er plötzlich
Zum ungeheuern Riesen,
Und schleppte seine Beute
Hohnlachend nach der Wohnung.
Doch es erhob die Waise
Die Augen gegen Himmel,
Und rief so zu den Göttern:
 «O kommet mir zu Hülfe,
Allmächtige Beherrscher
Des Himmels, und entreißet
Mich dieses Räubers Händen!»
Alsbald erbebt die Erde,
Und, sieh! die junge Waise
Entfliegt, in eine Taube
Verwandelt, zu den Füßen
Des Königes der Götter,
Der auf Hypatens Höhen
In Glanz und Hoheit thronet;
Der freche Zaubrer aber
Mit Wohnung und Gebiete
Versinket in die Erde,
Und an der Stelle zeigt sich
Ein Teich von grausem Anblick,
Mit Wellen schwarz wie Kohlen,
Vor dem der nahe Wandrer
Und alles Wild entfliehet.

Willkommen, Ort der Kühle
Und gleichenloser Anmuth!
Nicht fern von dem Gestade
Des hier mit Klippen reichlich
Besäten Sees erscheinen
Zwei Eilande mit hohem
Laubüppigen Gehölze

Bekränzt, deß kühler Schatten
Den segelnsmüden Pilgern
In die Vertiefung winket,
Die zwischen ihnen weit sich
Und gastfreundlich eröffnet.
Kaum haben die drei Kähne
Den Eingang überschritten,
Da sehn sie sich umrungen
Von acht anmuth'gen Inseln,
Die eine Menge Buchten,
Doch keinen Ausgang zeigen;
So nah sind sie einander,
Und scheinen außer aller
Verbindung mit dem Seee.
Doch bald entdecken lächelnd
Die Schiffer ihren Irrthum,
Und steuern durch die Krümmen
Sich schlängelnder Kanäle
Auf's neu in's freie Wasser.

Es öffnet hier den Blicken
Der Schiffenden ein enges
Und anmuthsvolles Thal sich,
Das zwischen wolkennaher
Gebirge steilen Wänden
Gemach zum See herabsteigt.
Noch zeigen unverkennbar
Sich Spuren, daß in Zeiten,
Die selbst in dem Gedächtniß
Der Menschen längst erloschen,
Es die zu enge Mündung
Des wilden Stroms gewesen,
Den die geschmolznen Massen
Verjährten Schnees erzeugten.
Jedoch im ew' gen Gange

Der Zeit, die alles ändert,
Verschwand der Strom; es hüllte
Sich sein verlaßnes Rinnsal
In einen reichen Mantel
Der an muthsvollsten Blumen,
Gewebt aus Gold und Purpur,
Der mit den dunkelgrünen
Tapeten lieblich abfticht,
Die beiderseits die Berge
Vom Fuße bis zum Gipfel
Voll wilder Pracht bekleiden.
Hoch über diese Berge
Erheben andre Berge
Sich an den Saum der Wolken.
Nun siehe jene stolze
Und kühngewölbte Brücke,
Die sich von einem Ufer
Des Thals zum andern schwinget !
Dort ragten einst zwei Felsen
Einander gegenüber
Weit ob dem Bett des Stromes
Hervor gleich zwei Karniesen,
Ein kleiner Zwischenraum nur
Trennt sie noch von einander.
Da kam ein Erdebeben
Und schütterte die Berge,
Und von der höchsten Zinne
Des einen Berges löste
Grad' über jenen Felsen
Es einen mächtigen Block ab:
Der rollet mit gewalt'gem
Getös den Berg hernieder,
Und füllt die Lücke, welche
Sie zwischen sich gelassen,
Als hätte die Natur ihn

Bestimmt zu ihrem Schlußstein....
O wie sich mit den Jahren
Auf Erden alles ändert !
In eben diesem Rinnsal,
Wo einst im Wuthgebrülle,
Wovon die ganze Gegend
Lautbebend widertönte,
Der Strom voll Eisesschollen
In's Bett des Sees sich stürzte,
Folgt munter jetzt und furchtlos
Der umsichtsvollen Mutter
Ein zartes schlankes Rehpaar,
Um nach des Tages Hitze
Froh in den kühlen Wellen
Des Sees den Durst zu löschen.

O herrliche, das Auge
Bezaubernde Erscheinung !
Das Seegestade meidend,
Deß zahlenlose Klippen,
Theils über theils auch unter
Dem klaren Wasserspiegel,
Der Boote Fahrt gefährden,
Sehn sich mit einem Male
Die Schiffenden umrungen
Von malerischen Gruppen
Unsäglich-holder Inseln.
Nah aneinander liegend,
Erscheinen sie wie Festland
Dem Auge des Betrachters.
Getäuschet wähnt er vor sich
Wie Mündungen zu sehen
Von wässerreichen Strömen,
Die in den See sich stürzen;
Bald aber sieht er Eiland

Von Eilande sich trennen,
Und eines nach dem andern,
Wie Zauberwinken folgend,
Voll Eile sich entfernen,
Und sich im Dust verlieren,
Den hie und da die Sonne,
Wie durstig, aus den Wellen
In mächtigbreiten Streifen
Voll Gier zu sich emporzieht.

Seht dort das hochbeschilfte
Und grauenvolle Vorland,
Von welchem alle Schiffer
Mit Schaudern sich entfernen !
Dahin, so geht die Sage,
Begeben in den ersten
Anmuth'gen Frühlingstagen
Zu Tausenden die Schlangen
(Versammlung des Entsetzens !)
Der ganzen unbewohnten
Umgegend sich. O wehe
Dem unerfahrnen Segler,
Der ahnungslos den Fuß dann
Auf dieses Ufer setzet !
Ein junger Fischer, sagt man,
Wohlkundig aber spottend
Der herrschenden Gerüchte,
Naht mit dem ersten Grauen
Des Tages sich der Insel,
Befestigt seinen Nachen
An hoch bejahrtes Schilfrohr,
Und eilet unerschrocken
Durch wiesenähnlich Sumpfland
Zum Orte des Vereines.
Wer aber mag das Grausen

Beschreiben, das den Jüngling
Mit Eisesklauen faßte,
Als er mit einem Male
Gerollte Schlangenhäute
Zu Tausenden erblickte,
An Läng' und Form verschieden,
Gefleckt, gestreift, gemarmort,
Zehn Morgen Landes decken ?
In ihrer Mitt erhob sich
In Riesengröß' und eine
Belebte Säule scheinend,
Die Wächterin der grausen
Entsetzensvollen Hüllen.
Halbtodt vor Schrecken eilet
Vom Grauensort der Jüngling
Zu seinem Nachen, löset
Ihn zitternd von dem Schilfe,
Und, ohne auch nur Ein Mal
Zurückzuschauen, rudert
Mit Kräften, die die Angst ihm
Verlieh, er nach der Heimath,
Nichts auf der Spötter Necken,
Nichts auf der Neugier Fragen,
So lang er lebt, erwiedernd.

O seht doch jene hohen
Hellglänzenden zwei Berge,
Jahr aus Jahr ein ihr Stirnband
Vielfarb'gen Schneees tragend,
Und zwischen ihnen beiden
Den smaragdgrünen Hügel !
So ruhet, von Gesundheit
Und holder Schönheit glänzend,
Ein Kind mit frohem Blicke
Zu seiner Ahnen Füßen.

O holde Vorgebirge,
Ihr– Anfang oder Ende
Sich tief, sehr tief in's Innre
Erstreckender Anhöhen,
Und deren hoher Rücken
Ganz einer Säge gleichet,
Wie raget stolz, gleich Thürmen
Zum Schutze des vertieften
Zurückgebognen Ufers,
Ihr in des Sees Gewässer
Heraus, verflacht allmählig
Euch immer mehr, und senket
Zuletzt euch in die Wogen !
Es sah des Seemanns Auge
Auf allen seinen Fahrten
Wohl keine Bucht, so lieblich
Als die ihr beide bildet.
Sie ist so tief und sicher
Vor Sturm und Wind, daß sorglos
Jahr aus Jahr ein sie Schwäne
Zum Aufenthalt sich wählen.
Die einen bilden hundert
Reizvolle Labyrinthe,
In langen holden Reihen
Auf dem azurnen Spiegel
Des Sees voll Eintracht irrend;
Die andern unterrichten
Die zarte Brut im Schwimmen;
Noch andere, sich völlig
Den Wellen anvertrauend,
Verbergen unter ihre,
Gleich ausgespannten Segeln,
Erhobnen Flügel sorglos
Ihr Haupt, und schweben schlummernd

Wohin der leisen Wellen
Gleichförmiger Gang sie führet.
Indessen stehet einsam
Um sandigen Gestade,
Gleich einem treuen Wächter,
Auf einem Fuß und reglos
Der holde Flammenvogel
Im Glanz der Rosenschwingen
Mit hocherhobnem Haupte.

Entdecket euer Auge
Dort jene Inselgruppe,
Umflort von leichtem Dufte,
Der sich dem See entschwinget,
Und den die schon zum Abend
Geneigte Sonne färbet ?
Mir scheinen sie drei Schwäne
Von auserles'ner Schönheit,
Drei dem Gewog des Seees
Entsteigende Najaden.
Laut einer alten Sage
Sind einst drei rauhe Klippen
Ohn alle Spur von Wachsthum
Und Leben sie gewesen.
Sie schuf zu dem, was jetzo
Sie sind, die lebenslange
Bemühung einer Mutter
Aus königlichem Stamme,
Der ihre einz'ge Tochter,
Die holde Chariktea,
Ein früher Tod entrissen.
Sogleich verließ sie Theben,
Das laute, menschenreiche,
Und wählte die drei öden
Eilande sich zum Sitze.

Mit ungeheuerm Aufwand
Erbaut sie Prachtgebäude
Inmitten üpp'ger Gärten,
Die stufenweis sich heben,
Und alle Arten Blumen,
Gewächse, Vögel, Thiere
Und tausend Gegenstände
Enthalten, die die Freude
Einst ihrer Tochter waren.
Auf dieser weiten Gärten
Erhabensten Terrasse
Erscheinet Charikleens
Anmuthig Bild, gleich einer
Ätherischen Erscheinung.
Auch heißet dieses Eiland:
Das schöne; und ein andres
Ihm nahgelegnes führet
Den Namen: Muttereiland;
Ein drittes, dem sich während
Der längsten Sommertage
Zur Mittagszeit die Fischer
In engen leichten Nachen
Lautsingend nahn, das kleinste
Von allen dreien, nennen
Das Fischereiland alle
Bewohner des nicht fernen
Schwarzscholligen Gestades,
Das sie, dem schweren Pfluge
Des keuchenden, von Schweiße
Rings triefenden Gespannes
Nachhelfend, zwar mit Mühe,
Doch aber auch mit sichrer
Und reicher Ernte bauen.

Gleich einem umgestürzten
Schönfarb'gen Kahn, den wüthend
Der Sturm vom Ufer losriß,
Und, in den See ihn schleudernd,
Dem Spiel der Wellen preisgab;
Erhebt sich, fern vom Ufer,
Ein niedlich Weidenwäldchen,
Das seine weichen Äste
So tief zur Erde senket,
Daß ihre grünen Spitzen
In blauer Fluth sich baden.
Willst du den Augen trauen,
So schwimmt dies holde Eiland,
Von kindischfrohen Wellen
Getragen wie auf Armen !
Zur Zeit der heißen Tage
Im hohen Sommer landen
An seinem früchtereichen
Gastfreundlichen Gestade
Zu Hunderten Kaninchen,
Die Überfahrt vom Lande,
Ohn' Ahnung von Gefahren,
Auf leichten Birkenrinden,
Die sich einander folgen,
Bewirkend, eine Flotte,
Die frohgelaunte Weste
Voll Mitleid und voll Güte
Mit sanftem Hauche lenken.

Jetzt da zum Untergange
Die Sonne schon sich neiget,
Seht dort im Goldgefieder
Den königlichen Adler
Den ganzen See querüber
Mit Herrscheranstand fliegen.

Er schwebet in des Äthers.
Azurenen Gefilden
So hoch ob dem zerstreuten
Durchsichtigen Gewölke,
Als hoch ob dem Gewoge
Des Sees die Wolken schweben.
Geendet hat der Adler
Jetzt sein erhabnes Tagwerk:
Der Vögel unzählbares
Geschlecht im ganzen Umfang
Des Kopaïs zu schützen,
Und kehrt nun zu Kronions
Behausung, die sich glänzend
Auf den geweihten Höhen
Des Hypatos erhebet,
Deß waldbedeckten Abhang
Stets dichte Nebel decken.
Dieweil ob dem Gewässer
Des stillen Sees ihr König
In hohem Fluge heimzieht,
Ertönt hier rings der Vögel
Dankbarer froher Zuruf,
Indeß, gleich abgesandten
Des ganzen Vogelreiches,
Die Lerchen sich zum Saume
Der höchsten Wolken schwingen,
Den väterlichen Herrscher
Auf seinem weiten Heimzug
Zu grüßen in der Nähe.

Mit lautem Zuruf grüßen
Wir dich, uns heil'ger Felsen,
Alcidens Ruhestätte,
Die du dich stolz hoch über
Des Sees Gewog erhebest !

In grauer Vorwelt Tagen,
Von denen nur ein schwaches
Andenken in den Sagen
Der Menschen nachgeblieben,
Pflog Herkules nicht selten,
Bei Sonnenuntergange
Den dichtverwachsnen Wäldern
Entweichend, die das Ufer
Des Kopaïs rings deckten,
Zu nahen diesem Felsen,
Um auszuruhn vom Kampfe
Mit all den Ungeheuern,
Wovon sein rastlos Mühen
Böotien befreite.
Die Abendluft einathmend,
Wusch er die blut'gen Hände,
Die fürchterliche Keule
Gelehnet an den Felsen,
Wo sie, in Stein verwandelt,
Selbst jetzo noch zu sehn ist.
Erhob vom Hauch des Sturmes
Sich manchmal das Gewässer
Zu seinem höchsten Stande,
So reichet' es Alciden,
Der um zu seiner Wohnung
Zu kehren es durchwatet,
Kaum an den Bug des Kniees.

Schon sehn sie Agraphia,
Die neuerbaute Bergstadt,
Und unter ihr im Thale
Den dunkeln mächtigen Eichwald;
Sie gleichet einem Schiffe,
Das noch die letzten Strahlen
Des Abendroths erleuchten,

Indeß mit schwarzen Flügeln
Die Nacht, die schaurigstumme,
Bereits das weite Meer deckt.

In wilder Wälder Mitte
Erscheint auf einem Berge,
Von dem der See und alle
Umgebungen des Seees,
Wie auf der Hand, du siehest,
Der Überrest von zweien
Verfallnen alten Schlössern.
Hier hauste, weitgefürchtet,
Ein grausamer Gebieter,
Aktäon war sein Name.
Stets nur mit Jagd beschäftigt,
Zog seinen Unterthanen
Das Wild er vor, und weilte
In Wäldern, selbst verwildernd,
Den Sommer und den Winter,
Es wage ja kein Pflüger,
Das Reh, das seines Ackers
Bald reife Saat zerstöret,
Gewaltsam zu vertreiben.
So breitete sich Elend
In kurzem über seine
Verarmenden Vasallen.
Einst sah der jüngste, letzte
Von dreien ihr gebliebne
Sohn einer armen Witwe
Ein ganzes Rudel Hirsche
Sich in ihr einzig Erbe,
Ein Feld von wenig Hufen,
Muthwillig stürzen, spottend
Der schützenden Umzäunung.
Da blieb der Jüngling seiner

Nicht mächtig mehr und tödtet
In seiner Wuth den nächsten
Der waldentwichnen Räuber,
Da zeigt sich, unvermuthet,
Am andern Ackerende
Der grausame Gebieter,
Umringt von seinen Doggen,
Die lechzendmüd' ihm folgen.
Er setzt mit dem unwill'gen
Erschöpften Rosse über
Die hemmende Umzäunung,
Gerade nach dem Thäter,
Der bleich und sinnlos dasteht.
Blutgierig stößt der Wüthrich
Den Speer ihm in die Kehle....
Als die entfernte Mutter
Ihr einzig Kind entseelet
Hinsinken sah, da rief sie
Im Ausbruch ihres Schmerzens :
«O möchte dich, Verruchter,
Der Schwarm der eignen Hunde
Mit wüth'gem Zahn zerreißen !»
Und es erhört der Himmel
Den Fluch der Unglücksel'gen,
Und wandelt den Verbrecher
In einen Hirschen. Eilig
Entfliehet er zur Waldung;
Schnell folgen ihm die Doggen.
Es währt nicht lang, da schallet,
Erst laut, dann immer schwächer,
Vom Walde her des Wüthrichs
Geschrei, den seine Doggen
In ihrer Wuth zerstücken.

Hier zeigt sich ihren Blicken
Das Ptoische Gebirge
In anmuthsvollem Grüne,
Und hinter ihm des blauen
Messapus Riesenkuppen,
Gleich einer prächtigen Treppe
Bequemerhobner Stufen,
Die zu Zeus Wohnung führen.

Im See, dreimal so ferne
Vom Ufer, als ein Schwarm fliegt
Breitflügeliger Raben,
Von plötzlichem Getöse
Verscheucht, erscheint dem Auge
Ein länglichrundes Eiland,
Das ganz, von einem Ende
Zum anderen, aus Säulen
Besteht, die, dichtgedränget,
Ohn' alle Zwischenräume,
Sich an einander reihen.
Nur gegen Westen zeiget
Sich eine weite Öffnung,
Der Eingang einer tiefen
Geheimnißvollen Grotte.
In diese drängen Abends
Die Wellen sich des Seees,
Von plötzlich aufgestiegnem
Gedünst umflort, das lieblich
Das Abendroth erleuchtet,
Wann sie den Geist des Seees
In unsichtbarem Nachen
Zu seiner Wohnung tragen.
Vor Tages Anbruch aber
Verläßt er sie von neuem,
Und eilt im schnellen Kahne

Zur Grotte der Najaden
Des Kopaïs, mit denen
In sorgenloser Muße
Er seine Tage zubringt.

Als jetzt die Nachen eine
Mit Wald bedeckte Spitze
Umsegelt, ragt vor ihnen
Apollo's Vorgebirge
Mit seinen hundert Quellen,
Die zwischen malerischen
Bemoosten Felsen rauschend,
In leichten Wasserfällen
Zum Kopaïs gelangen.

Es landen hier die Nachen,
Die Abendwinde fürchtend
Und das nicht ferne Dunkel
Der schnellen Nacht. Denn siehe,
Schon ruht auf des Parnasses
Mit Schnee bedeckten Gipfeln
Die heitre Abendsonne,
Die Königin der Schöpfung
In diamantnem Schmucke.
Zu ihren Füßen breitet
Sich auf den leichten Wellen
Des Sees ein reicher Teppich
Weit aus, die Farben alle
Des schillernden Opales
Und des Rubines spiegelnd.

Doch nicht von langer Dauer
Ist dieser Zauberanblick.
Schon naht mit leisem Schritte
Die Dämmerung, und decket

Die schlummernden Gefilde
Mit ihrem thau'gen Schleier.
Euböens schwarzen Bergen
Entsteigt die Nacht, ihr jüngstes
Hinwelkend Kind im Arme.
Noch jüngst erschien holdglänzend,
Und zog es aller Augen
Auf sich durch seine Schönheit;
Jetzt aber schwindet sichtbar
Die Fülle seines Lebens,
Und nah' und unvermeidlich
Ist schon sein Tod ! ...

Am wolkenlosen Himmel
Erglänzen starke Blitze,
Auf die kein Donner folget.
Ein augenblicklich Glanzmeer
Ringsum verströmend, scheinen
Sie angelweit die Thore
Des Himmels zu eröffnen,
Um Sterblichen das Innre
Der Götterburg zu zeigen.
Allaugenblicklich wähnet
Mit freudigem Erschrecken
Der Mensch, in namenloser
Ätherischer Verklärung
Der Götter Gott auf seinem
Demantnen Thron zu sehen.

Wie ferne Donner hallet
Dem offnern Ohr das Tosen
Des Sees, der in der Nähe
In einen tiefen Schlund sich
Verlierend stürzt. Es lullet
Das Zirpen der Zikade

Die Königin in Schlummer....
Kaum röthen des entfernten
Massapos höchste Kuppen
Aurorens erste Strahlen,
So scheucht das Lied der Lerchen
Die leichte Schaar der Träume,
Und heißt die junge Fürstin
Willkommen in der Heimath

Die Herrscherin beschließet,
Von Wenigen begleitet,
Zu Fuß längs dem Gestade
Bis an den Sturz des Seees
Zu wallen. Es beweget
Selbst keines Westes Odem
Die dufterfüllten Lüfte,
Des Seees Spiegelfläche.
Doch schon in einer Ferne,
Die ein dem ehrnen Bogen
Entflohner Pfeil erreichet,
Beginnt das steh'nde Wasser,
Kaum merkbar, sich zu regen;
Verläßt allmählig, langsam
Die langbesetzte Stelle;
Fängt endlich an zu rinnen;
Fließt sacht, dann schnell, dann schneller;
Nun keinem See mehr gleichend,
Wohl aber einem Strome,
Stürzt reißend es in seinem
Vertieften jähen Bette
Dem nicht mehr fernen Schlund zu.

In einiger Entfernung
Vom Schlund ragt eine Reihe
Bemooster düstrer Klippen,

Gleich mitleidsvollen Wächtern,
Bereit zu kühnen oder
Erfahrungslosen Nachen
Die letzte Hand zu bieten
Zur Rettung vom Verderben.

Es strömen zwischen ihnen
Die Wogen in die Wette
Dem schauderhaften Schlund zu.
Von hier an wird ihr Rinnsal
Stets jäher und beschränkter,
Und mehrt die Eil', das Drängen
Der Lärmenden. Ein schmales,
In ihres Bettes Mitte
Sich hebendes, pfeilähnlich
Gebildetes Gesteine
Trennt ihrer Schaaren Andrang,
Läßt mitleidslos die einen
Sich in den Abgrund stürzen;
Doch rettet es die andern,
Des bogenkund'gen Phöbus
Befehle streng gehorchend.

Im fernsten Alterthume,
In Zeiten, welche spurlos
Selbst aus dem Angedenken
Der Menschen längst verschwunden,
Ward in dem kurzen Laufe
Nur einer Nacht das ganze,
Von Bergen eingeschloßne
Gebiet der Söhne Kadmos
Von einem Wolkenbruche
Mit Untergang bedrohet.
Hoch über sein Gestade
War Kopaïs Gewässer

Gestiegen, und die Städte,
Die rings ihn schmücken, waren
Bereits der Wogen Beute.
Mit ungestüme schlugen
Sie schon an Phöbus Tempel.
 Da trat, entflammt von Zorne,
 Aus seinem Heiligthume
 Der Gott; er blickt rings um sich,
 Vermißt die goldnen Dächer
Der nahgelegnen Kopa,
Der liebsten seiner Städte.
Schnell greift er nach dem Bogen,
Zielt nach dem Bergesrücken,
Der an des Seees Ende
Sich bis zur Stadt hinziehet,
Und schnellt vom finstern Bogen
Den Pfeil. Sogleich eröffnet
Am Fuß des Bergs sich donnernd
Ein ungeheurer Erdriß.
Es stürzt das überfließend
Zerstörende Gewässer
In bodenlose Tiefe
Lautbrüllend sich hinunter.
Apoll, noch nicht zufrieden,
Schnellt einen zweiten Pfeil ab;
Da war der Berg durchbrochen,
Und bildet eine Brücke,
Nicht minder regelmäßig,
Als hätten sie die Hände
Der emsigen Kunst erbauet.
Von den gefallnen Trümmern
Des Bergs formt in der Mitte
Des Stroms sich wie ein Eiland,
Gleich eines Pfeiles Spige
Nach hinten sich erweiternd.

Dies Eiland trennt die Bogen
In ihrem wilden Andrang;
Es läßt die größre Hälfte
Links in den schwarzen Abgrund
Sich stürzen; rettet aber
Die anderen, gewaltsam
Zur Rechten sie ablenkend,
Um jenseits des durchbrochnen
Gebirges in drei Armen
Die wasserlose Steppe
Befruchtend zu durchströmen.
So schaffen oft ein kurzes
Vorübergehend Übel
Die Götter in ein großes
Unwandelbares Glück um.

Als lange sich die Fürstin
An diesem großen Schauspiel
Ergötzt, und wenig Schritte
Sich von dem Ort entfernet;
Bemächtigt eine andre
Gefälligere Scene
Sich ihres Augs und Ohres.

Ein Ziegenhirt erscheinet
Mit seiner Heerde plötzlich
Auf des durchbrochnen Berges
Anmuth'ger Höhe, läßt sich
Auf einen Felsen nieder,
Und spielt auf seiner Flöte
Ein ländlich Lied. Es tönen
Die nahen Berge dreimal
Des Hirten Lied so täuschend
Und völlig nach, als spielten
An vier verschiednen Stellen

Gelagerte vier Hirten,
Auf ein gegebnes Zeichen,
Der eine nach dem andern
Dasselbe Lied. Es dienet
Des Zweiten Spiel dem Ersten
Zur lieblichen Begleitung,
Und bald darauf nach kurzen
Und gleichen Zwischenräumen,
Des Dritten Spiel und Vierten.
Es klettert kühn indessen
Die ringszerstreute Heerde
Von Feis zu Fels, der jungen
Gesträuche weiche Spitzen
Nicht ohne Müh' abrupfend.

Lang hatten diesem Wunder
Mit Staunen sie gehorchet,
Da sprach zur Fürstin einer
Der ältesten Begleiter:
«Nicht ferne von der Mündung
«Der Ströme, die ihr Dasein
«Dem Kopaïs verdanken,
«Und von Anthedon südwärts
«Liegt eine kleine Insel,
«Die seit uralten Zeiten,
«Die Wunderinsel heißet.
«Denn täglich, wenn die Sonne
«Die Himmelsbahn hinan fährt,
«Bedeckt, allmählig steigend,
«Das Meer die ganze Insel;
«Und senket dann die Sonne,
«Von ihrer Mittagshöhe
«Allmählig sich zum Rande
«Des abendlichen Himmel;
«So treten, wie durch Zauber,

«Des Meeres wilde Wellen
«Allmählig auch zurücke;
«Und fest und trocken siehest,
«Mit Muscheln übersäet,
«Die in Gestalt und Schönheit
«Der Farben mit einander
«Wetteifern, dieses Eiland
«Du hodherstaunet wieder.»

Da wacht der Wunsch im Busen
Der Fürstin auf, die Insel
Zu sehn; und eines Fischers
Des Meers gewohnter Nachen
Trägt, stolz der Last, die Fürstin
In wenig Stunden glücklich
Zu der gewünschten Insel.

Als nun auch dieses Wunder
Die Herrscherin gesehen,
Und jetzt der Rückkehr dachte;
Da stieg sie bei Anthedon,
Der blühenden, ans Ufer,
Und wallte mit Entzücken
Durch das von zwei anmuth'gen,
An Quellen überreichen
Gebirgen schönbegränzte
Messap'sche Thal, ein zweites,
Nicht minder schönes Tempe.

Als sie längs des Messapus
Dies Blumenthal durchwandelt,
Da ward an seinem Ende
Sie eine Menge Menschen
Gewahr, die hinter Bäume
Und Büsche sich verbergend,

Neugierig, aber schüchtern
Und bange nach ihr blickten.

Warum hält jene Menge
Sich fern von mir ? fragt traurig
Die Königin, zum Kreise
Sich wendend der Begleiter.
Doch alles schwieg.... Da naht ihr
Ein Mann, der ihr Vertrauen
Besaß, und zu besitzen
Verdiente. Menschenliebe,
Gerechtigkeit und Scharfsinn
Entstrahlten seiner Stirne,
Die obdachlose Waise,
Die tiefverarmte Witwe,
Der Greis am Stabe schleichend,
Sie nennen ihn nur Vater.
Erfinderisch im Helfen,
Gelingt's ihm oft mit ihrem
Geschick sie zu versöhnen.
Auch liebet er die Künste,
Und schätzt im Eingebornen,
Und schätzet sie bei Fremden.
Oft naht und reicht ihm schüchtern
Die Schöpfung seines Pinsels,
Die Töne der Begeistrung
Ein unbekannter Fremdling.
Entdeckt in seinem Werke
Er hier und da nur Spuren
Des Genius; großmüthig
Gewährt er Schutz dem Manne,
Den er zum ersten Male
Vielleicht gesehn. Der sprach jetzt,
Zur Königin gewendet:

«Du hast durch deinen Anblick,
«O Herrscherin, der Heimath
«Beglückteste Bewohner
«Erfreut; folg' itzt dem Triebe
«Des hochgesinnten Herzens,
«Und bringe Trost und Wonne
«In jenes Thal der Trauer,
«Dem Wohnplatz dieser Menge».

Mit eilenderem Schritte
Naht die bewegte Fürstin
Dem Thale sich, das Hügel
Des flücht'gen Wandrers Blicken
Entziehn; das aber steinigt,
Mit dorrendem, zerstreutem,
Umschattendem Gebüsche
Bewachsen, und von nackten
Im Sonnenstrahl ' erglüh'nden
Felswänden eingeschlossen,
Bald traurig vor ihr da liegt.

«Sag ' wie ist da zu helfen ? »
Fragt, während eine Thräne
Aus ihren Augen perlet,
Die tiefgerührte Fürstin
Den redlichen Begleiter.

 «Dem Thale mangelt Wasser,»
 Erwiedert er. «Ergösse,
«Von dieser Felsen Haupte,
«Dem quellenreichen Rücken
«Der nahen Berg ' entlehnet,
«Ein Fluß in dieses Thal sich;
«Im Laufe wen'ger Jahre

«Würd ' es den schönsten Thälern,
«Böotiens nicht nachstehn.»

An diesem Tage glänzte
Im blonden Haar der Fürstin
Ein Kleinod hohen Werthes
Und gleichenloser Schönheit.
Es hafteten die Blicke
Der Menge mit Bewundrung
Auf diesem Prachtgeschmeide;
Doch hat es Niemand wieder
Seit diesem Tag gesehen.

Kaum aber war der Frühling
Mit vollen Blumenkörben
Und seinen Sängerschaaren
Zum zweiten Mal gekehret,
Da sah man sich acht Quellen
Der nachbarlichen Berge,
Die einzeln sonst und nutzlos
In düstern Felsenkesseln
Zu öden Teichen wurden,
In einem Becken sammeln;
Hoch, über sechzig Bogen,
(Kein Werk der Pracht, wohl aber
Jahrhunderte zu dauern
Bestimmt) die schmale Ebne,
Die zwischen dem Messapus
Und dem armsel'gen Thal liegt,
Weittönend überschreiten,
Und dann als Strom den Felsen
Des Thales sich entstürzen,
Es schlängelnd ganz durchfließen,
Und sichtbar es in kurzem
Zu einem Tempe bilden,

Wie du bewundernd selber
Nun siehst; denn wir befinden
Uns jetzo in dem Thale
Der guten Königin, wie
Des Thales Eingeborne

Und wir, der nahen Thäler
Bewohner, all es nennen.

Der guten Königin Fest

«Sei mir willkommen, Gastfreund !
«Sei Fremdling, mir willkommen !
«Ihr kommet wie gerufen:
«Denn schon beginnt der Festzug.
«Folgt mir durch dies Gebüsche
«Zum Heiligthum? Elisens.»
(So sprach, und führt den Gastfreund
Und den unkund'gen Fremdling
Der Thalbewohner einer.)
Denn weitentfernt zu zürnen,
Sehn es die Götter gerne,
Wenn im Gefühl des Dankes
Die Menschen ihre Gönner
Halbgöttern gleich verehren.
Drum stellten unsre Ahnen
In diesem Heiligthume,
Elisens Bild als Seres
Einst auf, und brachten jährlich
Die Erstlinge der Ernte
Ihr unter diesem Namen.»

Und alsobald ertönte
Der Flöten Klang; da sahn sie
Des Thales schöne Jugend

In festlichen Gewanden,
Den Lobgesang beginnend
Mit klaren holden Stimmen,
Zum heitern Tempel wallen.

Ach ! in den goldnen Sälen
Des mächtigen Olympos
Wohnt oft nicht minder Trauer
Als in der Sorgenhütte
Des ärmsten Sohn der Erde !

Kein Glanz der Prachtgewande,
Es trösten keine Feste,
Kein Kreis gewählter Freunde
Die Mutter, die ihr einzig,
Entrissen Kind beweinet.

Des Grames schwarzer Schleier
Umnebelt ihr Aurorens
Frohlächelnd Rosenantlitz,
Umnebelt ihr am Abend
Der Sonne heitres Scheiden.

Die Nacht und ihre Schrecken
Allein sind ihr willkommen,
Wo in und außer ihr sie
Dieselbe Todesstille,
Dasselbe Grauen findet.

Stets sieht sie, wachend, schlummernd,
Vor sich den bleichen Schatten
Des theuern Kindes schweben,
Das trauernd, und doch lächelnd,
Sie aufzuheitern strebet.

So lebet ihrem Grame,
Von Göttern fern und Menschen,
Nach Proserpinens Raube,
Demeter. Elend aber
Verbreitet sich auf Erden.
Da sprach zum Schatten Ceres:
«Nie werd' ich dein vergessen,
«O Kind ! des Lebens Freuden
«Bin ich nun todt; doch laß mich
«Der Menschheit Leiden mildern.»

Und sie durchwallt von neuem
Der weiten Erde Fluren,
Die Sterblichen beglückend.
Gram ruht auf ihrer Stirne,
Ihr Zuge aber lächelt.

Und so betritt dies dürre,
Steinvolle, nackte Thal sie;
Sieht unsre Noth und winket
Dem Berg, daß seine Quellen
In unser Thal er gieße.

Da wird das Thal zum Tempe,
Es reiht sich Hütt' an Hütte
In goldner Ernten Nähe
Hier auf des Hügels Abhang,
Dort längs des Stromes Ufern.

Die kühne Ziege klettert
Am kräuterreichen Felsen;
Die Blumenwiese decken
Hier mächt'ge Rinderheerden,
Dort muntre goldne Vließe.

Jetzt hebt sich, von den Händen
Des Dankes ausgeführet,
Der Göttin heil'ge Wohnung;
Mit Säulen und Gebilde
Verzieren sie die Künste.
Im Lauf der Zeiten schwangen
Sich Wintergrün und Geissblatt
Kühn auf das Dach des Tempels,
Mit einem Blumenhimmel
Der Göttin Thron bedeckend.

Und unsre Feste wurden
Von Jahr zu Jahre schöner;
Und naher und entlegner,
Einst erntenreichrer Thäler
Bewohner sahn sie staunend.

Sei uns gegrüßt, o Ceres,
In deiner Schattenhalle !
Sei uns gegrüßt, du Mutter
Und Pflegerin der Menschen,
Du Spenderin der Ernten !

Laß unsre Lobgesänge,
Laß unsre frohen Tänze
Und Mähler dir gefallen,
Und weile gern im Kreise
Durch dich, beglückter Menschen !

Ein Chor erles'ner Mädchen
Betrat jetzt, leiserröthend,
Die sammtne, gleichgeschor'ne,
Geraume Rasenrundung,
Dicht an des Tempels Eingang,
Und zu des Festes Tänzen

Bestimmt. Von keiner Leier,
Von feiner kund'gen Flöte
Begleitet, bloss zum Klange
Der eignen holden Stimmen,
Beginnen sie den Reigen,
Den einst auf Enna's Fluren
Die sanfte Proserpine
Noch kurz vor der Entführung
Mit den Gespielen tanzte.
Denn jede Freudenquelle
Ist bis zum Grund versieget
Für' s arme Herz der Mutter;
Ein einiges Empfinden
Bleibt für sie nach: die traurig-
Erfreuliche Erinnrung
An ihrer Seele Liebling.

Und zu dem Tanze singen
Sie in gefühlten Tönen
Dasselbe Lied an Flora:

Es gleichen deine Jahre
Sich wie ein Lenz dem andern;
Jahrhunderte verfließen,
Und du bist stets dieselbe.

Doch wir, der Erde Töchter,
Sind wie der Erde Blumen:
Sie blühen einen Frühling,
Und welken dann auf immer.

Auch flehn wir nicht, o Göttin,
Zu dir um ew'ge Reize;
Laß du nur unsers Frühlings
Uns ungestört genießen.

Und als der schöne Reigen
Geendet war, da luden
Zum schon bereiten Mahle
Die emsigen Bewohner
Des Thals die theuern Freunde,
Und nöthigen durch Bitten
Die hochwillfommnen Fremden,
Die unverhofft die Götter
Heut ihnen zugeführet.

Als aber zur Genüge
Des Mahls sie sich erfreuet,
Da brach auf's neu der Zug auf
Zum Waldpalast Elisens.

Da wo der Fluß, dem Gipfel
Der Felsenwand entstürzend, In
Silberstaub sich wandelt;
Und, einem Nebel ähnlich,
Dann wieder zu der Höhe
Der Felsenwand emporsteigt:
Theilt unweit seines Sturtzes
Sein ruhig gleitend Wasser
Sich in zwei gleiche Arme,
Ein schönes Eiland bildend.
In dieses Eilands Mitte
Befindet sich die Stelle,
Wo in uralten Zeiten
Die Schöpferin des Thales,
Elisa stand voll Mitleide,
Und sinnend, wie vom
Elend zu retten sie vermöchte
Die darbenden Bewohner.
Erst pflanzten um die Stelle

Sie dankbar achtzig Eichen,
Ein weites Achteck bildend;
Die Enkel aber reihten
um dieses weite Achteck,
Geraum und in die Runde,
Acht Säle, wie sie's nannten,
Von luftigen Platanen,
Und jeder Saal ein Viereck,
Und nannten dann das Ganze
Den Waldpalast Elisens.

Es naht der lange Zug sich
Dem rechten Arm des Stromes.
Sechs ichen, gleichen Alters
Mit denen des Palastes,
Drei dies - drei andre jenseits
Des Flusses dicht am ufer
Gepflanzt, und jung gewöhnet
In Bogenform zu wachsen,
Berühren mit den Wipfeln
Sich über dem Gewässer,
Und' bilden eine Brücke;
Indeß ein Theil der Zweige
Zum sicheren Geländer
Sich rechts und links verweben

Jetzt hält der Zug und schauet
Mit steigender Bewundrung
Dies ungeheure Viereck
Von sanftem hellen Grüne,
Hoch über dessen Mitte
Das dunkle Grün der Eichen
In den azurnen Äther,
Ein kühner Dom, emporsteigt.
Denn so zeigt der Palast sich

Dem Zuge des Betrachters.
Vier Reihen Silberpappeln,
Gleich einer Säulenhalle,
Verzieren seinen Eingang,
Und führen in den Vorsaal.

Hier schmücken rings die Wände
Vollblühende Jasmine
Mit blauem Flieder wechselnd
Und Rosenlorbeerbäumen.

Nachdem der Zug den Vorsaal
Und seine Blüthendüfte
Durchwandelt, führt zur Rechten
Ein überwölbter Laubgang
Zum ersten ihn der Säle,
Den sie den Goldsaal nennen.

Es decken hier die vielen
Goldblumigen Geschlechter
Der Sonnenblume rings um
Die Erde, und die Dolden
Der Schwalbenwurz, die Töchter
Des Taïgets mit ihren
Prachtvollen gelben Blumen
Und schöngezahnten Blättern,
Das Habichtskraut, und deine
Abkömmlinge, Olympos !
Es unternahm ein Hirte
Des Thals die weite Reise,
Um deine zwei und vierzig
Schneeblanken stolzen Gipfel
Und deine fünfzig Quellen
Zu sehn. Als Zeugen seines
Verwegnen weiten Zuges

Bracht' einen jungen Adler
Er mit zurück, und deinen
Hyperikon, dem alle
Hier blühende entstammen.
Indeß die goldnen Blumen,
Der Erde Grün verdrängend,
Allein den Boden decken;
Erklimmt der Rebe Ranke
Die moosumwebten Stämme
Der' mächtigen Platanen,
Schwingt sich von Ast zu Aste,
Und hängt, wie goldne Quäste,
Der vollen goldnen Trauben
Gewicht an ihren Zweigen
Dann ringsher auf. Es wechselt
In jedem Saal die Farbe
Der Trauben, und sie nennen
Den Saal selbst nach der Farbe:
So nannten den sie Goldsaal.

Ein andrer Laubgang führet
Den Zug zum Veilchensaale.

«Ein Veilchenfeld !» so riefen,
Die heut zum ersten Male
Hier waren. «Sind wir etwa
Hier in Minervens Wohnung ?
«Ambrosia berauschet
«Hier die betäubten Sinne.»
Hier sammeln jeden Morgen
Rothkehlchen sich in Menge,
Und schlürfen aus den Kelchen
Der Veilchen zarten Thau ein,
Sobald, bei Sonnenaufgang,
Ein Windstoß, in den Krümmen

Der Berg erzeugt, den Nebel
Des Stromfalls eine Weile
Hoch über den Palast hin
Gelenkt, und alle Stellen

Desselben gleich erfrischt hat
Mit einem Perlenregen.

Jetzt öffnet sich dem Zuge
Der Rosensaal. Der aber
Ist rund, und führt den Namen
Der Fürstin Bad. Gedrängte
Und hohe Rosenbäume
Umschließen eine Quelle,
Die sprudelnd aus dem Schooße
Der Erde steigt, und ehmals
Des Thales einziger Quell war,
Der kärglich die Bewohner
Des wüsten Thales tränkte.
Doch auch im Überflusse
Und Glück der frühern Armuth
Noch eingedenk, erhielten
Und ehrten sie die Quelle,
Umpflanzten sie mit Rosen
Und Kreta's holden Kindern,
Dem Cistos und dem Diktam
Mit wunderschönen Blüthen.

Der Feier Zug betritt nun
Den blauen oder Thronsaal.
Azurne Trauben zieren
Des Saales weiten Umfang,
Und rings von Baum zu Baume
Schwingt blühender Lyanen
Vielfarbiges Gepränge

Halbkreisend sich mit Anmuth,
Vom Winde oder Vögeln
Bewegt, die gern und häufig
Hier ungestört sich schaukeln;
Indeß zahllose Schaaren
Von Schmetterlingen fröhlich
Auf Hyacinthen, Astern
Und Irissen sich jagen,
Die rings den Boden decken,
Gepaart mit Enzianen
Und schüchternen Ryktagen,
Die ihre Blumenkelche
Der stillen Nacht nur öffnen.
In dieses Saales Mitte,
Zunächst der Wand gen Osten,
Erhebt, mit Purpurmoose
Ganz überwebt, und einem
Prachtsessel nicht unähnlich,
Ein Felsen sich. Ihn trennte
Vielleicht ein Erdebeben
Von des Gebirges Haupte
In grauer Vorzeit Tagen.
Vielleicht ist aber er auch
Der Ebne Sohn, der, während
Sich alles vor des Meeres
Unbänd'gem Wüthen beugte,
Allein zu trotzen wagte
Und widerstand. Es siehet,
Wer ihn ersteiget, vor sich
Den hehren Fall. des Stromes
In seiner ganzen Schönheit;
Und in den längsten Tagen
Des Sommers, wenn die Sonne
Sich zwischen des Parnasses
Hellblauen Zwillingsgipfeln

Frei von Bewölke senket,
Und ihre schrägen Strahlen
Den zarten Rauch durchdringen,
Der stets den Fall umfloret,
Zeigt farbenreich hier über
Des hohen Felsen Stirne
Ein luftig Diadem sich,
Weshalben auch des Thales
Bewohnern er der Thron heißt
Der Königin.

        Es wähnet
Die Menge sich durch Zauber
Versetzet in die Gärten
Der Hesperiden, als sie
Den fünften Saal betreten.
Denn zwischen Silberblüthen
Blickt die schon reife Goldfrucht
Hervor; in vollem Schmucke
Prangt der Jasmin, und zeiget
Der Blumen Rosenadern;
Dieweil hoch über ihnen
Der Pappelbäume Zweige,
Kaum sichtbar durch die Menge
Der Perlen-weißen Trauben,
Die üppig sie umhängen,
Sich voller Anmuth wölben.
Den Boden aber decken
Rings Lilien, das Sinnbild
Schuldloser heitrer Kindheit,
Und duftige Narzissen.
Abkömmlinge der Sänger,
Die einst die holden Töchter
Des Hesperus erzogen,
Der eignen Stimmen Anmuth

Den Lieblingen verleihend,
Beleben durch Gesänge
Und nimmermüdes Schweben
Von Baum zu Baum die Stätte.
Noch immer horcht die Menge
Der Sänger schönem Liede,
Als sie den Saal verlassen.

«Still ! stille ! » lispelt einer
 Dem andern zu: «Aurora,»
«Dem Sonnengott' entfliehend,
«Hat hier den Purpurschleier,,
«Schnell auf der Bäume Zweige
«Geworfen; ringsum liegen
«Die holden Blumenkränze
«Von Nelken, Mohn und Astern,
«Die Stirn und Arme schmückten,
«Und die sie flieh'nd von sich warf.»

Jetzt hat der Säle letzten
Der Zug erreicht. Hier herrschet
Bei feierlicher Stille
Ein düstrer Tag, beinahe
Den heitern Vollmondsnächten
Des hohen Sommers ähnlich;
Denn frei nicht, wie der andern,
Ist hier des Saales Mitte.
Drei ungeheure Linden,
Die einzigen des Thales,
Und älter als sein Wohlstand,
Erheben, weitumschattend,
Ihr immerdar noch blühend,
Ehrwürdig Haupt. Sie waren
Vor Zeiten dieses Thales
Allein'ge Schattenstelle

Und Freistatt vor dem Sengen
Der glüh'nden Sommertage.
Hier wurden alle Feste
Des Thals: das Fest der Rückkehr
Des blumenarmen Lenzes,
Der Ernte Fest gefeiert,
Die selbst für's Thal nicht gnügte.
Jetzt aber wohnen einsam
In der drei Linden Schatten
Zwei Nachtigallen. Eine,
Auf Orpheus Grab geboren,
Der Götter Sitz dort näher
Als dem der Erdbewohner,
Rang früh sich von den Freuden
Der Erde, und den Sorgen
Der Erde los, der Jahre
Bald volle Zahl im Reiche
Der Harmonie verlebend.
Bei ihrem Lied entfallen
Dem Geiste seine Fesseln,
Und weiter wird den Menschen
Das enge Herz. Und hat sie
Ihr Zauberlied geendet;
Noch lange wiederhallet
Es in der Hörer Seelen

Es breitet vor den Blicken
Der Menge jetzt das Inn're
Des ländlichen Palastes,
Des weiten Heiligthumes
Bezirk sich aus. Hier schmücken
Nicht etwa reiche Kränze,
In Fülle rings geordnet,
Der Stätte weiten Umfang;
Nein, von dem Fuß der Eichen

Bis zu den hohen Wipfeln,
Bedeckt rings die acht Wände
Ein blendender vielfarb'ger
Ununterbrochner Teppich,
Von auserles'nen Blumen
Gewebt, mit malerischer
Anmuth'ger Farbenmischung.
Es prangen Säulenreihen
Vor allen Wänden. Rosen,
Narzissen, Enzianen,
Und goldne Helianthen
Bekleiden je zehn Säulen
Von kolossaler Größe;
Gleichfarb'ge Säulenreihen
Verzieren die einander
Entgegensteh' nden Wände.
Hoch über diesen Säulen
Erheben Architraven
Aus braunen Skabiosen
Ringswaltend sich, und stützen
Die breiten weißen Friese,
Durchwebt mit blauen Sternen;
Darüber, weit vorspringend,
Die prächtigen Karniese
Aus schönem Mohn und stolzen
Päonien und Tulpen,
Vollendend zu des Äthers
Azur empor sich schwingen.

In dieses Tempels Mitte
Erscheint auf einem rauhen,
Den selbst kein Moos bekleidet,
Mit vielen Donnernarben
Bezeichneten Gesteine,
Elisens täuschend Standbild.

Wie Iris, wenn, der armen
Bedrängten Menschheit endlich
Des langerzürnten Schicksals
Versöhnung zu verkünden,
Von des Olympos Höh'n sie
Leichtschwebend niederwallet;
Erscheinet hier Elisa,
Mit einer Göttin Anmuth,
Mit einer Göttin Hoheit
Empfundne Ehrfurcht weckend;
Indeß der Güte Lächeln
Im mitleidsvollen Auge
In nächtlich düstre Seelen,
Wo selbst das letzte Flimmern
Der Hoffnung längst erloschen,
Das Licht der Freude strömet.

Da traten hundert Mädchen
In blendenden Gewanden
Mit himmelblauen Schleifen
Hervor, und schlossen ringsum
Das Bildniß ein Elisens,
Und sangen, unbegleitet,
In tiefgefühlten Tönen

So lange hier aus Blumen
Die Biene Honig sauget,
So lang aus hohen Saaten
Der Wachtel Lied erschallet;
So lang ertön' in diesem
Von ihr erschaffnen Thale
Das hohe Lob Elisens
Von jeder Menschenlippe.

Denn wie allgegenwärtig
Beglückt sie jedes Alter
Und jeden Stand. Ihr danket
Der Hirte seine Wiesen,
Der Pflüger seine Saaten,
Der Greis das sorgenfreie
Hingleiten seiner Jahre,
Und wir das Glück des Lebens.

So sang das Chor der Mädchen.
«Sie alle hier sind Waisen
(So sprach der Greis zum Fremdling),
«Die durch Elisens Vorsicht,
«Die jede Stiftung weislich
«Auch für die Folgezeiten
«Berechnete, dem Schicksal
«Zum Trotz, das Glück des Lebens,
«Nach eigenem Geständniß,
«In vollem Maß genießen.»

Jetzt trat ein Kind, das höchstens
Acht Frühlinge gesehen,
Aus der Gespielen Kreise
Hervor, und sang mit Rührung:

Früh raubten mir den Vater
Der Krieg, und Gram die Mutter;
Da theilten andre Armen
Ihr Brod mit mir und ihres
Nothdürft'gen Herdes Flamme,
Die Thränen nach den Eltern
Mir trocknend, bis Elisa
Mein und ihr Leiden endet,

Fin zweites Mädchen

107

Auf leidenvollem Lager
Schien schon mein junges Leben
Bereit bald zu verlöschen.
Die trostlos arme Mutter
Kann keine Hülfe reichen.
Da kam Elisens Bote,
Und Rosen keimten wieder
Aus schon erstorbnen Wangen.

Ein Drittes Mädchen

Ein Hirt (er zog als Jüngling
Weit jenseits unsrer Berge,
Nach Delphi, wo die Erde
Aufhört; denn weiterhin ist
Ein ungeheurer Abgrund
Voll Finsterniß und Grauen,
Den nie der Strahl der Sonne,
Der Glanz des Monds erheitert),

Der wußte alle Sprachen
Der Menschen; und er lehrte
Sie spielend mir. Da hörte
Einst mein vielartig Sprechen
Elisa; und ermunternd
Reicht sie dies köstlich Kleinod
Mir dar, das mit Bewundrung
An meinem Hals ihr sehet.

Chor der Mädchen

So lange hier aus Blumen
Die Biene Honig sauget,
So lang aus hohen Saaten

Der Wachtel Lied erschallet;
So lang ertön' in diesem
Von ihr geschaffnen Chale
Das hohe Lob Elisens
Von jeder Menschenlippe.

Denn, wie noch gegenwärtig,
Beglückt sie jedes Alter
Und jeden Stand. Ihr danket
Der Hirte seine Wiesen,
Der Pflüger seine Saaten,
Der Greis das sorgenlose
Hingleiten seiner Jahre,
Und wir das Glück des Lebens !

Seiten 335 bis 372 in der Ausgabe 1847

Kulmann Edition

1. Band	K.F.v.G. Leben und Werk Elisabeth Kulmanns, 1. Teil
2. Band	E.K. Gedichte, Gemäldesammlung, Saal 1 – 12
3. Band	E.K. Gedichte, Gemäldesammlung, Saal 13 – 24
4. Band	E.K. Poetische Versuche 1. Teil Anakreons Lieder, Blumenkranz, Poetische Versuche, 2. Teil Korinnens Gedichte
5. Band	K.F.v.G. Leben und Werk Elisabeth Kulmanns, 2. Teil
6. Band	E.K. Poetische Versuche 2. Teil Sappho
7. Band	E.K. Poetische Versuche 3. Teil Berenicens Denkmal